Martin Kreutzer, Sandra Pugliese & Thomas Hergaard

NUSS-KÜCHE

Gesunde und reichhaltige Rezepte für Herzhaftes und Süßes

LV.Buch

INHALT

VORWORT

Nüsse schmecken fantastisch, fast sündhaft gut. Und sie sind absolut gesund. Es gibt wirklich nicht sehr viele Zutaten, die das von sich behaupten können und gerade deshalb haben wir beschlossen, ein Buch über diese Superhelden der Natur zu schreiben.

Auf den nächsten Seiten können Sie sich darauf freuen, Kokosnüsse, Pekannüsse, Mandeln und viele andere fantastische Nüsse kennenzulernen. Wir möchten Ihnen mit diesem Buch nämlich jede Menge ernährungswissenschaftliches Wissen über diese tolle Familie gesunder Zutaten schenken und leckere Rezepte vorstellen, die randvoll mit guten Dingen stecken. Freuen Sie sich auf die Wirkung nussreicher Kost für die Geschmackssinne und jede einzelne Körperzelle. Sie werden von den gesunden, leckeren Rezepten begeistert sein, die Nüsse in Ihre tägliche Ernährung integrieren.

Sandra & Martin, Herbst 2016

RUND UM DIE NUSS

Von Martin Kreutzer

Nüsse sind nicht einfach nur Nüsse. Vom Aroma, aus Ernährungsperspektive und auch rein botanisch gibt es riesige Unterschiede, von denen dieses Buch handelt. Viele der hartschaligen Leckerbissen, die wir ganz allgemein als Nüsse bezeichnen, sind botanisch betrachtet gar keine. Und andererseits gibt es viele Zutaten, die eigentlich Nüsse sind, aber nicht als solche verzehrt werden und daher nicht ins Konzept passen. Wenn in diesem Buch von Nüssen die Rede ist, sind die gemeint, die traditionell in diese Kategorie eingeordnet werden, unabhängig davon, ob das botanisch korrekt ist. Ein Beispiel ist die Erdnuss, eigentlich eine Hülsenfrucht, und auch die Cashewkerne, Samen, die an einer Frucht wachsen. Außerdem haben wir uns erlaubt, bestimmte Nüsse aus dem Vergleich wegzulassen, zum Beispiel die Erdbeere (eine Frucht mit Nüssen an der Außenseite), deren Namen trügerisch ist. Sie ist nicht weggefallen, weil die Erdbeere kein wunderbares Aroma hätte und nicht supergesund wäre, sondern einfach, weil Geschmack und Verarbeitung völlig anders sind als bei gängigen Nüssen. Zudem ist sie ernährungsmäßig von ganz anderem Schlag als die Nüsse, von denen das Buch handeln soll.

Fettreiche Samen und Körner werden oft in Verbindung mit Nüssen und Mandeln genannt – eigentlich ein Steinobst, wie auch die Walnuss –, aber in der Praxis sind sie von ihrer Nährstoffzusammensetzung her so grundsätzlich verschieden, dass es völlig verkehrt wäre, sie in dieselbe Schublade zu stecken. Sie werden auch vergeblich nach Sesamsamen, Sonnenblumenkernen, Leinsamen und Co. suchen. Dafür machen Sie nähere Bekanntschaft mit Cashewkernen, Haselnüssen, Erdnüssen, Kokosnüssen und Macadamianüssen. Und noch dazu mit Mandeln, Paranüssen, Pekannüssen, Pistazien und Walnüssen.

Gesunde Nüsse

Nüsse sind entscheidender Bestandteil einer allgemein kräftigenden Ernährung, wie wir alle sie unserem Körper zuführen möchten. Das liegt daran, dass es sich bei ihnen durchweg um gesündeste Zutaten handelt, die deshalb wertvolle Ingredienzen in der gesunden Alltagsernährung sein sollten. Blutkreislauf und Immunabwehr profitieren, wenn die richtigen Nüsse im Menü enthalten sind, denn unter ihren harten Schalen verbergen sich viele gesunde Stoffe. Einer der größten Vorzüge der Nüsse besteht in der Kombination aus Ballaststoffen und mikroskopischen Pflanzenstoffen, die gemeinsam bewirken, dass Nüsse reine Herzmedizin sind und unter anderem den Cholesteringehalt des Blutes senken. Besonders die Menge an potenziell schädlichem LDL-Cholesterin nimmt ab, wenn Sie Nüsse essen. Und damit das Risiko, lebensbedrohliche Arterienverkalkung zu entwickeln. Die günstige Wirkung von Nüssen auf den Cholesterinspiegel wurde unter anderem durch Studien der New Mexico State University bestätigt. Die Forscher untersuchten dabei die Wirkung von Pekannüssen auf den Cholesterinspiegel und schlossen, dass sie diesen deutlich positiv beeinflussten. Dabei verhindern sie die Bildung von Blutpropfen in den Adern.[1] Weitere Studien, bei denen die Wirkung des Verzehrs von Nüssen unterschiedlicher Art untersucht wurde, kamen zu ähnlichen Schlussfolgerungen. Rein statistisch tragen Personen, die Nüsse täglich verzehren, ein halb so hohes Risiko für Herz-Kreislauf-Erkrankungen wie jene, die selten oder nie Nüsse essen. Oder wie es eine andere zusammenfassende Studie formuliert: Jede zusätzliche Portion Nüsse pro Woche (25-30 Gramm) senkt das Risiko, an Herz-Kreislauf-Erkrankungen zu sterben, um 8,3 Prozent![2]

Die Ursache dafür, dass Nüsse so extrem kreislauffördernd wirken, soll das Zusammenspiel zwischen zahlreichen Nährstoffen sein, aber eines dominiert alles: Das Fett, das einen Großteil der Masse einer Nuss ausmacht, ist überwiegend vom Typ MUFA, der bei einer entzündungshemmenden Ernährung im Mittelpunkt steht. MUFA steht für „mono unsaturated fatty acids", also einfach ungesättigte Fettsäuren. Dabei handelt es sich um Fettsäuren mit einer speziellen chemischen Struktur, die den Körper begeistern, weil sie unter anderem den Cholesterinspiegel günstig beeinflussen.

In Bezug auf die entzündungshemmende Wirkung ist die Beobachtung der Forschung der letzten Jahre, dass die stärkenden Eigenschaften der Fettsäuren nach und nach in mehreren wissenschaftlichen Studien nachgewiesen wurden. So haben u. a. niederländische Forscher nachgewiesen, dass eine MUFA-reiche Diät besonders entzündungshemmend wirkt.[3] Das gilt auch für dänische Forschungen an der Universität Kopenhagen, die bei Versuchspersonen mit einer MUFA-reichen Ernährung sowohl schlankmachende als auch durchblutungsfördernde Qualitäten festgestellt haben.[4] Die Schlussfolgerungen dieser und anderer Studien sprechen dafür, die Zufuhr von MUFA über Speisen zu erhöhen, was ohne Weiteres machbar ist, wenn Sie Nüsse in Ihre tägliche Ernährung integrieren. Profitieren Sie von Nüssen und kombinieren Sie diese gern mit anderen Quellen spezieller Fettsäuren. Schließlich sollte das Ziel schon ein bisschen ehrgeizig gesteckt sein, da sich die Gesundheitswirkung erst beim Verzehr beträchtlicher Mengen MUFA einstellt.

[1] *The Journal of Nutrition, 2001, Ausgabe 131.*

[2] *British Journal of Nutrition, 2006; 96.*

[3] *American Journal of Clinical Nutrion, 2009, Ausgabe 90.*

[4] *American Journal of Clinical Nutrition, 2008, Ausgabe 88.*

Neben den direkten entzündungshemmenden Eigenschaften fördern MUFA und somit auch Nüsse die Gesundheit indirekt. Sie helfen Ihnen, das gesundheitsgefährdende Bauchfett loszuwerden, das sich in Ihrer Bauchhöhle verstecken kann. Spanische Forscher haben dokumentiert, dass eine Kost reich an einfach ungesättigten Fettsäuren u. a. mit Nüssen den Körper dazu bringt, speziell das Bauchfett anzugreifen.[5] Das gilt ganz besonders für das schädliche Fett, das sich zwischen den Organen befindet und für die Gesundheit eine tickende Zeitbombe darstellt. Bei diesem Versuch setzten die Forscher eine größere Gruppe Versuchspersonen auf drei unterschiedliche Kostformen:

1. Viele MUFA-reiche Lebensmittel
2. Kohlenhydratreiche Kost
3. Hohe Mengen gesättigter Fettsäuren

Der Kaloriengehalt war für alle Gruppen identisch. Dennoch verloren nur die Teilnehmer der Gruppe 1 Gewicht am Bauch. Als zusätzliches Plus verschwand gerade das extrem ungesunde Fett, das zwischen den Organen angereichert war.

Auch wenn man nicht allzu viele Rückschlüsse aus einer einzigen Studie ziehen sollte, stimmen die Ergebnisse der spanischen Forscher doch sehr mit anderen Studien überein, die nachgewiesen haben, dass die Erhöhung der Zufuhr einfach ungesättigter Fettsäuren einen positiven Effekt hat, sodass es vernünftig scheint, den Fokus auf diesen Fetttyp zu richten.

Der Grund für die schlankmachende Wirkung einfach ungesättigter Fettsäuren ist nicht abschließend geklärt, eine der solideren Theorien lautet jedoch, dass die speziellen Fettsäuren den Zuckeraustausch des Körpers rein hormonell beeinflussen und dabei verhindern, dass der Körper im Zuge des physiologischen Stresses, der immer dann auftritt, wenn der Blutzucker aus dem Ruder läuft, Fett zwischen den Organen ablagert.

Auch wenn Sie nicht wirklich übergewichtig sind, werden die MUFA der Nüsse ihre Freunde sein, weil der Gehalt des „Superfetts" in den Speisen dazu führt, dass mögliche überschüssige Kalorien vom Bauch weg und in die Hüft- und Schenkelregion gelenkt werden, wo sie gesundheitlich allgemein unbedenklich sind. Eine nussreiche Ernährung wird Ihnen also helfen, Ihr Bauchfett im Zaum zu halten, sodass Sie keine Fettleibigkeit entwickeln. Und wenn Sie sich im Kaloriendefizit befinden, verbrennen Sie sogar das, was verbrannt werden sollte.

Auch Oliven und Avocados enthalten hohe Mengen an MUFA, und eine hohe Zufuhr gilt auch als eine der primären Ursachen dafür, dass sich die traditionelle Mittelmeerküche als sehr gesundheitsfördernd erwiesen hat. Ein Gesundheitsbonus, der noch gesteigert werden kann, wenn Sie sich daran gewöhnen, Nüsse aller Art in Ihre tägliche

[5] *Diabetes Care, 2007, Ausgabe 30.*

Ernährung einzubeziehen oder sie als gesunden, nahrhaften Snack zu genießen.

Auch wenn die MUFA in Nüssen ein absoluter Trumpf beim Erhalt der schlanken Taille sind, ist das nur eine Ursache dafür, dass Nüsse ausgezeichnete Schlankmacher sind. Es klingt erst einmal paradox, dass fett- und kalorienhaltige Nüsse nicht dick machen. Tatsache ist jedoch, dass zahlreiche Studien gezeigt haben, dass die wenigsten Personen von einigen Handvoll Nüssen am Tag zunehmen.

Viele von uns missverstehen Nüsse aber leider als kalorienreiche, fetthaltige Nahrung. Das ist schade, weil Nüsse zwar Fett enthalten, ein Teil davon aber gar nicht vom Darm aufgenommen wird. Die meisten Nüsse stecken randvoll mit sättigenden Proteinen, Ballaststoffen und langsam verdaulichen Kohlenhydraten, sodass Sie bei den restlichen Mahlzeiten des Tages weniger Appetit haben und deshalb die Nuss-Kalorien einfach wieder einsparen, indem Sie weniger von anderen Speisen verzehren. Bei mehreren Versuchen ließ man die Probanden 50 bis 100 Gramm Nüsse am Tag essen, ohne dass selbst nach wochenlangem Konsum eine Gewichtszunahme festgestellt werden konnte. Die Wirkung ist bei den Nüssen mit dem geringsten Fettgehalt am größten. Besonders Haselnüsse, Mandeln und Erdnüsse haben eine sättigende Wirkung, die so hoch ist, dass Sie ohne Rücksicht auf Ihr Gewicht bis zu 100 Gramm täglich davon verspeisen können.

Vielseitiger Gesundheitsschutz

Der Einfluss auf das Cholesterin, der Angriff auf das Bauchfett und die „Gratis"-Kalorien sind gute Argumente für den Verzehr von Nüssen, tatsächlich aber nur die Spitze des Eisberges. Zusätzliche Gründe für die Integration von Nüssen in den Speiseplan liefern Analyseberichte zu ihrem Gehalt an wertvollen Nährstoffen. Bei der Lektüre wird schnell klar, dass Nüsse vollgepackt sind mit gesunden Dingen, die dem Körper in vielerlei Hinsicht Kraft und Energie liefern. Die schon erwähnten Ballaststoffe, Proteine und Fettsäuren, aber auch unzählige wichtige Vitamine und Mineralien, Antioxidantien und Aromen

GUTE QUELLEN FÜR EINFACH UNGESÄTTIGTE FETTSÄUREN AUSSER NÜSSEN

Avocado
Haferflocken
Mayonnaise
Rapsöl
skandinavisches Sylt

Avocado-Öl
Leinsamen
Oliven(-öl)
Sesamsamen

machen die Nuss zum Allrounder. Daher ist es einfach vernünftig, täglich ein paar Handvoll Nüsse in die Ernährung zu integrieren.

Dabei können Sie gern variieren, damit es nicht jeden Tag dieselben 50 bis 100 Mandeln sind. Wie Sie dem Buch entnehmen können, verbergen sich in den verschiedenen Nüssen jeweils ganz spezielle Qualitäten. Deshalb ist es hier wie auch ansonsten bei gesunder Ernährung wichtig, zu variieren.

Der Geschmack sollte in dieser Hinsicht nur ein Aspekt beim Verzehr sein, da es keineswegs selbstverständlich ist, dass die schmackhaftesten Nüsse auch aus Ernährungssicht die besten sind. Zum Glück möchte man sagen, denn wie der Nährwert sind auch Geschmack und Konsistenz so unterschiedlich, dass manche Nüsse hervorragend zum Frühstück passen, während andere perfekt für Salate, Eintöpfe, Desserts oder als gesunder kleiner Snack geeignet sind.

Ein bisschen Mathematik …

Auch wenn Nüsse megagesund sind und gut sättigen, gibt es Grenzen, wie viel Sie davon täglich verzehren sollten. Die meisten Studien haben die Wirkung einer Zufuhr zwischen 50 und 100 Gramm am Tag untersucht. Damit die Nüsse nicht zu sehr bei der täglichen Kalorienrechnung dominieren und noch Platz für andere gesunde Dinge wie Fisch, Beeren, Avocados usw. lassen, sollten Sie sich am unteren Ende der Skala einordnen, ganz besonders an Tagen mit wenig Bewegung. An Tagen mit viel Sport dürfen es gern 25 – 50 Gramm mehr sein.

Wenn Sie die Nüsse nicht immer abwiegen möchten, können Sie die Tagesmenge von 50 Gramm stattdessen abzählen:
Cashewkerne, ca. 50 Stück
Haselnüsse, ca. 20 Stück
Erdnüsse, ca. 65 Stück
Kokosnuss, ca. 4 EL
Macadamianüsse, ca. 20 Stück
Mandeln, ca. 40 Stück
Paranüsse, ca. 15 Stück
Pekannüsse, ca. 30 Hälften
Pistazien, ca. 85 Stück
Walnüsse, ca. 25 Hälften

Vorsicht bei verkleideten Nüssen

Nüsse sind grundsätzlich gesund. Das gilt aber nur für die natürliche, getrocknete Form.

POSITIVE EFFEKTE VON NÜSSEN

Gehirn: Die Kohlenhydrate werden sehr langsam aufgenommen und liefern daher konstante Energie über den ganzen Tag. Sie fühlen sich von morgens bis abends frisch und munter.

Knie: Viele Nüsse sind gute Quellen für entzündungshemmende Fette und können daher helfen, Überlastungsschäden durch zu hartes Training oder schlechte Arbeitspositionen zu lindern.

Blut: Die gesunden Fettsäuren wirken sich positiv auf den Cholesterinspiegel im Blut aus: Das potenziell schädliche LDL-Cholesterin sinkt und das gute HDL-Cholesterin steigt.

Bauch: Durch die vielen Ballaststoffe wird die Verdauung unterstützt, sie liefern den gesunden Darmbakterien Nahrung. So wird eine gesunde Darmflora garantiert, welche die Immunabwehr in Topform hält. Außerdem enthalten viele Nüsse jede Menge einfach ungesättigte Fettsäuren, die bei der Vermeidung von Bauchfett helfen können. Das erfolgt durch die Beeinflussung des Fettstoffwechsels hin zur verstärkten Nutzung des Bauchfetts als Energiequelle.

Muskeln: Viele Nüsse sind ausgezeichnete Proteinquellen, die sich inhaltsmäßig mit Fleisch, Fisch und Geflügel messen können. So unterstützen sie Sättigung und Muskelaufbau nach starken körperlichen Belastungen.

Sind sie mit allem Möglichem umhüllt, geht das auf Kosten der gesunden Wirkung, auch wenn im Supermarkt unzählige Varianten von gesalzenen, in Öl oder Honig gerösteten, glasierten oder in anderer Form verarbeiteten Nüssen locken. Hier gilt es, vorsichtig zu sein. Durch die Verarbeitung ändert sich der Charakter der Nüsse und sie können vom gesunden Snack zum ungesunden Dickmacher mutieren. Das gilt vor allem für die industriell verarbeiteten Typen. Wenn Sie aber eigene Nusssnacks mit guten Zutaten herstellen, ist das Endprodukt besonders gesund. Solche Rezepte finden Sie hinten in diesem Buch. Die häufigsten „Gefahrenzonen“:

In Öl geröstet: Diese Zubereitungsmethode erhöht den Fettgehalt um 15–20 Prozent, während Vitamin- und Mineraliengehalt im Allgemeinen unbeeinflusst bleiben. Das zugesetzte Fett kann von dem Typ sein, der die entzündungshemmenden Eigenschaften der Nüsse beeinträchtigt. Besonders bei Mandeln gilt zudem, dass kräftiges Rösten, trocken oder in Öl, die Acrylamidmenge erhöht. Dabei handelt es sich um einen Stoff, der als krebserregend gilt, wenn die Forschung auf diesem Gebiet auch noch nicht abgeschlossen ist.

Gesalzen: Die Zugabe von Salz erhöht den Salzgehalt von nahezu null auf etwa ein Gramm pro 100 Gramm. Das entspricht etwa 20 Prozent der maximalen täglichen Zufuhr. Auch wenn Fachleute derzeit über die Relevanz streiten, die Salzzufuhr niedrig zu halten, rät schon der gesunde Menschenverstand, den Verzehr nicht zu übertreiben.

In Honig geröstet: Erhöht vor allem den Zuckergehalt, weil die Nüsse mit einer Honigglasur umhüllt werden. Das führt zu „leeren" Kalorien, die niemand benötigt.

Schokoüberzug: Wenn es sich nicht um ein äußerst exklusives Produkt handelt, für das gute dunkle Schokolade verwendet wird, enthält das Schokoladencoating unerfreuliche Fettstoffe und Zucker. Das bringt das Gesundheitskonto ins Minus.

Neben diesen behandelten Nüssen gibt es ein reiches Angebot an Nussprodukten, bei denen Nüsse einen höheren oder geringeren Anteil haben. Der Klassiker ist Nutella, das wir gern als hervorragende Nussquelle empfehlen würden. Leider muss man jedoch sehr genau nach den Nüssen suchen, weil ihr Anteil gering ist und gut in einer leckeren, aber leider ungesunden Mischung aus Schokolade, Fett und Zucker versteckt ist.

Besser ist es, hier der amerikanischen Methode zu folgen und Erdnussbutter beim Kochen einzubinden. Dabei jedoch die Zutatenliste kontrollieren. Es gibt schlechtere Varianten, die alles Mögliche enthalten. Eine gute Erdnussbutter besteht aus Erdnüssen und Meersalz. Und sonst nichts! Auch andere Typen Nussbutter sind eine ausgezeichnete Wahl, wenn sie vor allem Nüsse und nicht viel anderes enthalten.

Wenn Sie mit den Rezepten beginnen, werden Sie feststellen, dass bei vielen Mandelmilchprodukten, Cashewmilch und weitere flüssige Varianten verwendet werden. Sie haben gemeinsam, dass sie eine alternative Methode zum Verzehr von Nüssen sind. Außerdem können Sie Kuhmilch und Sahne ersetzen, die heute oft wegen Verdauungsproblemen gemieden werden.

FÜNF GUTE METHODEN ZUR VERWENDUNG VON NÜSSEN

Nüsse kann man als Snacks naschen, aber es gibt zahlreiche andere Verwendungsmöglichkeiten, die in den vielen leckeren Rezepten in diesem Buch vorgestellt werden. Versuchen Sie, die Rezepte so oft wie möglich nachzukochen und ergänzen Sie diese gern mit anderen Ideen, um Nüsse in den täglichen Speiseplan zu integrieren. Hier einige Beispiele, wie Sie die tägliche Zufuhr leicht und effektiv erhöhen können:

1. Verwenden Sie Nüsse als Garnierung für orientalische Gerichte, z. B. zusammen mit Obst und Gemüse in einem ostindischen Curry.
2. Hacken Sie die Nüsse fein, um sie beim Backen zu verarbeiten.
3. Kaufen Sie Müsli mit jeder Menge Nüssen oder mischen Sie selbst welche hinein. Etwas mageren Joghurt obenauf – und fertig!
4. Nüsse rösten und in den Salat geben, lecker mit Hühnchen oder Lachs.
5. Verwenden Sie Nüsse als Brotaufstrich, z. B. in Form von Erdnussbutter.

NÜSSE, NÜSSE, NÜSSE

Nüsse sind nicht einfach nur Nüsse. Geschmack, Konsistenz und nicht zuletzt ihre Ernährungsqualitäten unterscheiden sich je nach Sorte stark. Freuen Sie sich auf eine kleine Auswahl Nüsse und ihre gesunden Eigenschaften, die auf den nächsten Seiten vorgestellt werden.

CASHEWKERNE

Nährwert pro 100 Gramm
Energie: 599 kcal
Protein: 15,3 Gramm
Fett: 46,4 Gramm
Kohlenhydrate: 32,7 Gramm
Ballaststoffe: 3,0 Gramm

Cashewkerne sind in Wirklichkeit Samen, die unten an den eher unbekannten Cashewäpfeln sitzen. Die Äpfel wachsen in Indien, Brasilien, Tansania und einigen anderen warmen Ländern auf Bäumen. Insbesondere der Gehalt an Mineralien unterscheidet die Cashewkerne von den anderen Varianten. Sie enthalten viel Zink, ein wichtiger Baustein für den Stoffwechsel, weil es Bestandteil vieler Hormone und Enzyme ist. Analysen zeigen außerdem, dass Cashewkerne einen hohen Gehalt an Eisen und nicht zuletzt an Magnesium aufweisen, die der Körper zur Bildung wichtiger Botenstoffe zur reibungslosen Funktion des Nervensystems benötigt. Magnesium ist außerdem an der Energieproduktion und Flüssigkeitsregulierung des Körpers beteiligt. Neben den genannten Mineralien sind Kupfer, Phosphor und Mangan in Cashewkernen enthalten, weshalb diese Nüsse bei der Zufuhr wichtiger Mineralien eine Spitzenposition einnehmen. Etwas geringer ist der Ballaststoffanteil. Deshalb sollten Sie sich vor dem Verzehr großer Mengen hüten, denn diese leckeren Nüsse machen leicht süchtig. Eine gute Methode ist der Verzehr von

Cashewbutter. Hier werden die Nüsse wie bei Erdnussbutter mit etwas Salz vermengt und können dann für alle möglichen schmackhaften Dinge verwendet werden. Wenn Sie die Nüsse nicht selbst mixen möchten, gibt es in den meisten Feinkostabteilungen gute Fertigprodukte. Natürlich können die Cashewkerne auch einfach so in Gerichte wandern. Dann können sie gern vorher geröstet werden. Studien zeigen, dass dies den Nährwert durch die Steigerung des Gehalts an Antioxidantien fördert, das ist gut für die Immunabwehr.

HASELNÜSSE

Nährwert pro 100 Gramm
Energie: 598 kcal
Protein: 14,9 Gramm
Fett: 49,3 Gramm
Kohlenhydrate: 29,3 Gramm
Ballaststoffe: 8,2 Gramm

Während Kalifornien den Markt für Mandeln beherrscht, ist es bei den Haselnüssen die Türkei. Sie können die Nüsse jedoch auch in unseren heimischen Breitengraden finden oder selbst im Garten anbauen. Ganz gleich, woher sie stammen, stecken Haselnüsse randvoll mit Vitamin E, eine Sammelbezeichnung für eine ganze Gruppe Vitamine, die als kräftige Antioxidantien wirken und die Körperzellen vor oxidativem Stress schützen. Das Vitamin ist zudem an der Bildung der Körperhormone beteiligt. Daher ist die Zufuhr besonders wichtig. Mit Haselnüssen auf der Speisekarte ist die Menge außerdem

leicht realisierbar, da schon 30 Gramm täglich den gesamten Tagesbedarf abdecken.

Nüsse sind auch vorzügliche Quellen für das B-Vitamin Folsäure, oft als „Frauen-Vitamin“ bezeichnet. Das rührt daher, weil die optimale Menge Folsäure im Körper das Risiko von Neuralrohrdefekten beim ungeborenen Kind reduziert. Folsäure kann jedoch noch mehr, sie wird mit einem geringeren Risiko für Alzheimer, Depressionen und Herz-Kreislauf-Erkrankungen in Verbindung gebracht.

Allgemein sind Haselnüsse wegen ihres hohen Gehalts an MUFA für die Pflege des Blutkreislaufs, der Ballaststoffe und des hohen Anteils an Antioxidantien interessant. In einer vierwöchigen Studie mit männlichen Probanden hat man z.B. festgestellt, dass sich der Cholesterinspiegel bei Zufuhr von 20 Prozent der täglichen Kalorien in Form von Nüssen positiv veränderte. Gleichzeitig sank der Gesamtfettanteil im Blut um über 7 Prozent. Das Ergebnis ist ein markant gesunkenes Risiko für die Entwicklung von Arterienverkalkung.[6]

[6] *Journal of Clinical Lipidology, 2013, Ausgabe 7.*

ERDNÜSSE

Nährwert pro 100 Gramm
Energie: 589 kcal
Protein: 25,8 Gramm
Fett: 49,2 Gramm
Kohlenhydrate: 16,1 Gramm
Ballaststoffe: 7,7 Gramm

Die Lieblingsspeise der Disneyfigur Super-Goof enthält große Mengen Protein, was sie für Flexitarier so interessant macht, bei denen es wegen der Reduktion der tierischen Proteinquellen wichtig ist, muskelaufbauende Proteine aus anderen Quellen einzubauen. Durch den geringen Kohlehydratgehalt sind Erdnüsse auch für die LCHF-Diät geeignet,

die oft zum Abnehmen angewendet wird. Damit nicht genug: Erdnüsse sind auch reich am B-Vitamin Niacin, das an den Stoffwechselvorgängen im Körper beteiligt ist, für die Hormonproduktion unerlässlich ist und zur Reparatur der körpereigenen DNA beiträgt. Außerdem enthalten Erdnüsse die beiden starken Antioxidantien Vitamin E und Resveratrol. Letzteres hat derzeit unter Sportlern einige Aufmerksamkeit erregt, da Studien zeigen, dass eine hohe Zufuhr die Menge der muskelaufbauenden Wachstumshormone im Körper erhöht.

Als Alternative zum Verzehr von Nüssen kann Öl dienen. Wie Nüsse hat es eine für das Herz günstige Fettsäureverteilung und ist sehr reich an Vitamin E sowie anderen Antioxidantien. Eine zusammenfassende Studie schlussfolgert, dass Erdnussöl wegen seines hohen Gehalts an natürlichen Antioxidantien in der Lage ist, bei regelmäßigem Verzehr Entzündungen zu lindern.[7]

[7] *Critical Reviews in Food Science and Nutrition, 2014, Ausgabe 54.*

KOKOSNÜSSE

Nährwert pro 100 Gramm
Energie: 371 kcal
Protein: 4,4 Gramm
Fett: 36,5 Gramm
Kohlenhydrate: 14,9 Gramm
Ballaststoffe: 14,0 Gramm

Die Kokosnuss war über Jahre wegen ihres hohen Anteils gesättigter Fettsäuren in Verruf. Die Zeiten ändern sich aber und heute gilt die Nuss als hervorragende Quelle für verdauungsfördernde Ballaststoffe. Das bewirkt zusammen mit dem relativ geringen Kaloriengehalt, dass der Sättigungswert recht vernünftig ist. Die Kokosnuss sollte jedoch mit einer Proteinquelle vereint werden, da sie hier im Gegensatz zu anderen Nüssen Boden verliert und daher andere wichtige Proteinquellen in Speisen nicht ersetzen kann.

Das getrocknete Kokosfruchtfleisch kann in Form von getrockneten Chips für Salate

oder als Topping für das Müsli am Morgen verwendet werden. Alternativ kann die Kokosmilch oder ihr Öl verarbeitet werden. Beide sind hervorragende Beispiele für den Wandel, dem gesättigte Fette in den letzten zehn Jahren unterworfen waren. Lange als größter Feind des Blutkreislaufs verunglimpft, zeigen immer mehr Studien, dass gesättigtes Fett an sich nicht gesundheitsschädlich ist. Die Forscher neuerer Studien kommen zum Schluss, dass die gesättigten Fette aus der Kokosnuss für den Kreislauf wesentlich gesünder sind als beispielsweise die aus Butter, und dass das Fett der Kokosnuss den Fetten des gesunden Olivenöls in Bezug auf die Gesundheit sehr ähnlich ist.[8] Die Art der gesättigten Fette scheint für die Schlussfolgerung von großer Bedeutung zu sein, und hier zeichnet sich Kokosnussöl durch seinen hohen Gehalt an Laurinsäure aus. Studien haben gezeigt, dass diese besondere Fettsäure in der Lage ist, Viren im Körper zu bekämpfen und somit das Immunsystem zu unterstützen.[9] Studien deuten auch darauf hin, dass die Fettsäure Teil der wichtigen Reparatur des Darmsystems ist, die erfolgt, wenn dieses über einen längeren Zeitraum durch unverträgliche Nahrungsmittel gereizt wurde.[10] Eine andere Fettsäure des Kokosnussöls, die Caprinsäure, ist am selben Prozess beteiligt.

[8] *British Medical Journal 2018.*

[9] *Archives of Virology, 2001, Ausgabe 146.*

[10] *The Journal of Nutrition, 2011, Ausgabe 23.*

MACADAMIANÜSSE

Nährwert pro 100 Gramm
Energie: 718 kcal
Protein: 7,9 Gramm
Fett: 75,8 Gramm
Kohlenhydrate: 13,8 Gramm
Ballaststoffe: 8,6 Gramm

Die in Indonesien und Australien wild wachsende Nuss hat in den letzten Jahren auch den Weg zu uns gefunden. Die Beliebtheit der Macadamianüsse liegt vor allem an ihrer besonderen Cremigkeit, die sie auf der Zunge wie Sahne schmelzen lässt. Aber auch ernährungsmäßig kann diese Nuss punkten, weil sie verschiedene Qualitäten hat. 20 Nüsse decken z.B. die Hälfte des Tagesbedarfs am B-Vitamin Thiamin, das hohen Einfluss auf den Stoffwechsel und die chemischen Botenstoffe hat, die Nervensignale im Körper senden. Außerdem enthalten sie etwas Eisen, gut für die Blutbildung.

Gesundheitlich ist auch von Bedeutung, dass die Nüsse an sich eine entzündungshemmende Wirkung haben. Cholesterinpatienten, die 4 Wochen lang täglich zwischen 40 und 90 Gramm Macadamianüsse zu sich nahmen, zeigten deutlich weniger Entzündungsanzeichen als zu Beginn der Studie.[11]

Der geringe Kohlenhydratgehalt der Nüsse bewirkt, dass sie sogar bei einer LCHF-Diät geeignet sind. Ihr Fettgehalt ist enorm, was sich auch auf den Kaloriengehalt auswirkt, der in die Höhe schießt. Wenn Sie die Kalorien vertragen können, ist das kein Problem, weil das Fett sehr gesund ist. Ansonsten zählen Macadamia aber zu den Nüssen, die vorsichtiger dosiert werden sollten. Ihr geringer Proteingehalt und ein mäßiger Gehalt an Ballaststoffen führen nämlich dazu, dass man schnell mehr davon verspeist, als für die Anzeige auf der Waage gut ist.

[11] *Lipids, 2007, Ausgabe 42.*

MANDELN

Nährwert pro 100 Gramm
Energie: 529 kcal
Protein: 20,5 Gramm
Fett: 39,1 Gramm
Kohlenhydrate: 29,5 Gramm
Ballaststoffe: 9,2 Gramm

Mandeln sind wegen ihres tollen Geschmacks und der Gesundheitseffekte beliebt, die in den Medien einige (zum Teil berechtigte) Aufmerksamkeit genießen. Zahlen von Lebensmittelinstituten zeigen daher auch, dass sich der Verzehr in den letzten zehn Jahren vervierfacht hat. Gesundheitlich profitiert vor allem der Blutkreislauf davon und quittiert das mit verbesserten Cholesterinwerten. Allgemein beobachtet man beim Verzehr vieler Mandeln einen Rückgang an Entzündungen, was sich nicht nur positiv auf den Blutkreislauf auswirkt, sondern auch auf bestimmte arthritische Erkrankungen, Ekzeme, Darmprobleme und vieles mehr. Für die Gewichtsabnahme ist interessant, dass Mandeln viele MUFA enthalten, die beim Verbrennen von Bauchfett helfen können und dass sie ziemlich proteinreich sind. Durch Proteine bleibt die Nahrung länger im Magen, sodass anhaltende Sättigung erzielt wird. Gleichzeitig schenken Mandeln blutzuckerfreundliche Kohlenhydrate, die den Heißhunger auf Süßes in Schach halten. Dass sie relativ kalori-

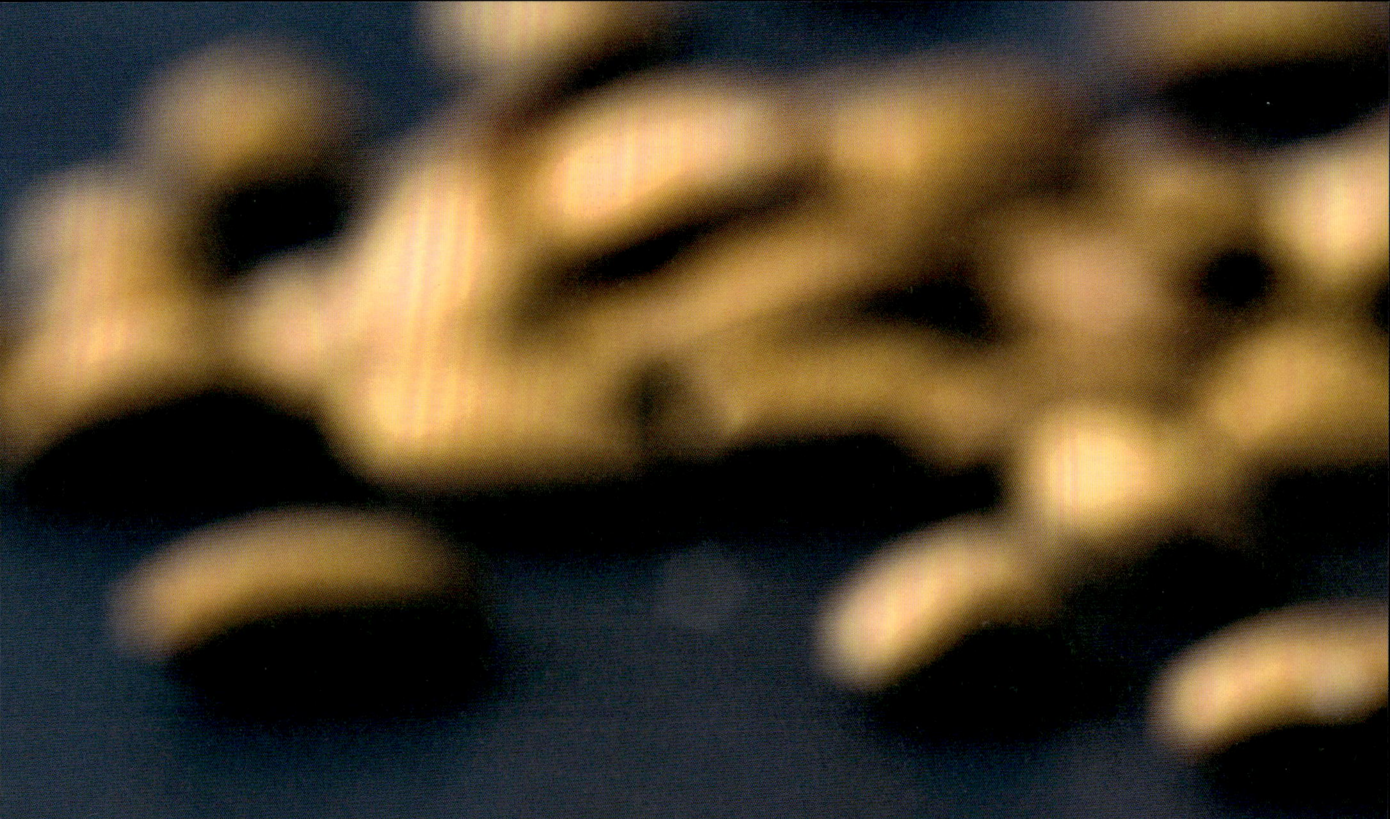

enarm sind, ist nur ein weiteres Plus, das unterstreicht, dass sie Teil einer figurbewussten Ernährung sein sollten.

Faktisch ist einfach faszinierend, wie gering das Risiko für eine Gewichtszunahme bei ihrem Verzehr ist. In einer groß angelegten Studie wurden die Teilnehmer zum Verzehr von 60–70 Mandeln über die normale Kost hinaus aufgefordert. Trotz der beträchtlichen zusätzlichen Aufnahme gab es keinen Unterschied bei Körpergewicht und Fettanteil. Das führen die Forscher auf die Tatsache zurück, dass Mandeln sehr sättigend sind, aber nicht vollständig aufgenommen werden.[12] Deshalb passiert ein Teil der aufgenommenen Kalorien den Körper direkt, ohne abtrainiert werden zu müssen.

Da sie so gesund sind und sich positiv auf das Gewicht auswirken, gilt es also nur noch, sie auch zu verzehren. Und dafür gibt es glücklicherweise jede Menge Möglichkeiten. Mandeln passen zum Müsli am Morgen, sind ein toller Nachmittagssnack oder können zu Mandelbutter verarbeitet werden, die in einer Vielzahl Gerichten einschließlich Smoothies und Suppen Verwendung findet. Der einzige Nachteil (neben dem Preis) besteht darin, dass sich hier und da eine Bittermandel in den Tüten verbergen kann. Diese gilt es, auszusortieren, da sie giftige Säure enthält, die gesundheitsschädlich sein kann. Wenn Sie aber einmal versehentlich eine davon essen, ist das nicht direkt gefährlich.

[12] *British Journal of Nutrition, 2007, Ausgabe 98.*

PARANÜSSE

Nährwert pro 100 Gramm
Energie: 680 kcal
Protein: 15,0 Gramm
Fett: 65 Gramm
Kohlenhydrate: 13,8 Gramm
Ballaststoffe: 5,3 Gramm

Die fettreichen Paranüsse enthalten viele Kalorien und Ballaststoffe. Deshalb zählen sie zu den Nüssen, die man nicht wahllos essen sollte, wenn man gern Gewicht verlieren möchte. Eigentlich sollte man generell vorsichtig beim Verzehr großer Mengen sein, weil sie wie die Pistazien Nüsse sind, die durchschnittlich die meisten Aflatoxine enthalten. Dabei handelt es sich um eine Gruppe von Giftstoffen, die von Schimmelpilzen auf Nüssen gebildet wird. Das geschieht vor allem bei warmen, feuchten Bedingungen und variiert deshalb von Jahr zu Jahr abhängig von den Wachstumsbedingungen, der Ernte und der Verarbeitung.

Ohne dramatisieren zu wollen, gibt es Grund zur Vorsicht vor dem Gift, das die DNA des Körpers schädigen und damit krebserregend wirken kann. In Übereinstimmung mit den Empfehlungen der dänischen Veterinär- und Lebensmittelbehörde raten wir deshalb zur Zurückhaltung beim Verzehr von Paranüssen. Es wäre jedoch zu schade, sie ganz wegzulassen, weil auch sie absolut gesunde Qualitäten haben. So ist der hohe Selengehalt der Paranuss einzigartig. Das Mineral ist ein starkes Antioxidans, das die gesamte Immunabwehr stärkt. Daher ist die Zufuhr so extrem wichtig. Ob dieses Mineral ausgerechnet von der Paranuss stammen muss, ist Ihre Entscheidung. Die beschriebenen Risiken sollten jedenfalls berücksichtigt werden.

PEKANNÜSSE

Nährwert pro 100 Gramm
Energie: 710 kcal
Protein: 9,2 Gramm
Fett: 72 Gramm
Kohlenhydrate: 13,9 Gramm
Ballaststoffe: 9,6 Gramm

Das Fett dieser Nüsse stammt hauptsächlich von MUFA, sodass die Pekannuss bei der Menge von Bauchfett reduzierenden, herzfreundlichen Fettsäuren eine Spitzenposition einnimmt. Das ist auch ein Grund dafür, dass gerade Pekannüsse mit soliden Forschungsnachweisen für ihre herzfreundlichen Eigenschaften dienen können. In einer etwas älteren Studie verglich man z. B. den Effekt von 20 Prozent der täglichen Kalorienzufuhr über Pekannüsse mit denen einer Kost, die nach Empfehlungen der amerikanischen Herzvereinigung gestaltet wurde. Die „Pekannussdiät" beeinflusste Blutfette und Cholesterinspiegel in besonders günstiger Hinsicht.[13]

Die herzfreundlichen Eigenschaften sind keineswegs die einzigen Qualitäten. Analysen zeigen, dass gerade Pekannüsse besonders reich an Zink sind, wichtig für den Stoffwechsel des Körpers. Das Mineral ist Bestandteil vieler Hormone und Enzyme. Andere Qualitäten sind viele Ballaststoffe, die den Darm in Topform halten und für vorzügliche

[13] *The Journal of Nutrition, 2001, Ausgabe 131.*

Sättigung sorgen. Gerade Letzteres kann die Ursache dafür sein, dass man Pekannüsse trotz ihres enormen Kaloriengehalts ohne Sorgen vor einer Gewichtszunahme verzehren kann. Wie bereits beschrieben, gibt es mehrere Studien, die darauf hinweisen, dass Nüsse keine signifikante Wirkung auf das Gewicht haben, darunter eine Studie, bei der die Teilnehmenden acht Wochen lang ihre normale Ernährung zu sich nahmen, ergänzt durch etwa 70 Gramm Pekannüsse pro Tag. Das Körpergewicht blieb während des gesamten Versuchszeitraums unverändert, während die Teilnehmer als zusätzlichen Bonus eine positive Senkung des Cholesterinspiegels erfuhren.[14]

[14] *The Journal of the American Diet Association, 2000, Ausgabe 100.*

PISTAZIEN

Nährwert pro 100 Gramm
Energie: 568 kcal
Protein: 20,6 Gramm
Fett: 44,4 Gramm
Kohlenhydrate: 28,0 Gramm
Ballaststoffe: 10,3 Gramm

Pistazien besitzen einen hohen Gehalt an Ballaststoffen und Proteinen, sodass sie ausgezeichnet sättigen. Das macht sie zu einer überlegenen Fettquelle bei schlankmachender Kost. Außerdem punkten sie durch einen hohen Anteil an Kalium, das entscheidende Bedeutung für die Funktion von Muskel- und Nervenzellen hat und an der Regulierung des Herzrhythmus und des Blutdrucks beteiligt ist. In Bezug auf den Blutkreislauf gibt es eine ganze Reihe interessanter Forschungsstudien, die durchweg eine positive Beeinflussung des Cholesterinspiegels durch den Verzehr von Pistazien belegen.

Der größte Nachteil besteht darin, dass sie wie auch Paranüsse die meisten Aflatoxine enthalten. Die Giftstoffe des Schimmelpilzes können krebserregend sein und Leberschä-

den verursachen, das Wachstum von Kindern hemmen und die Immunabwehr schwächen. Aber es sind schon sehr viele Pistazien über einen längeren Zeitraum nötig, damit ein tatsächlich messbares Risiko für die genannten Erkrankungen besteht. Jedenfalls gilt hier der Grundsatz der Vorsicht, Pistazien in Maßen zu genießen. In Anbetracht der vielen anderen leckeren Nüsse kann man damit sicher leben.

Wenn Sie aber Ihre Geschmacksknospen mit Pistazien verwöhnen möchten, können Sie sich über ihre stark entzündungshemmende Wirkung freuen. Zwei Drittel des Fettes der schmackhaften Nüsse besteht aus MUFA und damit sind sie wirklich ihr Geld wert, auch wenn man nur eine kleine Handvoll zu sich nimmt.

WALNÜSSE

Nährwert pro 100 Gramm
Energie: 680 kcal
Protein: 14,3 Gramm
Fett: 64,3 Gramm
Kohlenhydrate: 16,2 Gramm
Ballaststoffe: 5,6 Gramm

Die einzigartige Stärke der Walnuss besteht darin, dass sie eine hervorragende Quelle für essenzielle Omega-3-Fettsäuren ist, die unter anderem einen zentralen Bestandteil des Gehirns bilden. Gerade wenn Sie nicht der große Fischesser sind, ist es für die Funktion des Körpers wichtig, dass Sie vegetarische Omega-3-Quellen in ihre Ernährung einplanen. Und hier sind Walnüsse ein relevanter Beitrag. Auch als Vitamin-B-Quelle sind sie sehr interessant. Vitamin B ist an vielen Prozessen beteiligt, so auch am Stoffwechsel, bei dem der Körper über komplexe Vorgänge Nährstoffe in Energie umwandelt. Ein hoher Gehalt an Vitamin E, einem kräftigen Antioxidans, ist ein weiterer Pluspunkt. Wegen des hohen Fettanteils steckt die Walnuss randvoll mit Kalorien. Das sollte man beim Verzehr im Hinterkopf behalten.

Wenn Sie nicht so viele Walnüsse essen möchten, ist ihr Öl eine gute Alternative. Wegen seines charakteristischen Aromas ist es eine hervorragende Würze für Salate und Gebäck. Auch Cremefüllungen und Desserts erhalten eine aromatische Note. Geflügel- und Gemüsegerichte harmonieren ebenfalls gut mit etwas Walnussöl. Da dieses Öl nicht besonders hitzestabil ist, eignet es sich nicht zum scharfen Anbraten.

Neben Omega-3-Fettsäuren, Vitamin E und B enthält das Öl wie auch die Nuss eine Fülle an mikroskopischen Pflanzenstoffen, die erhalten bleiben, weil das Öl kalt gepresst wird. Das Öl der Walnuss hat sich auch für Personen als interessant erwiesen, die sich allgemein gestresst fühlen. In einer Studie beschreiben Forscher, wie die Zufuhr von Walnussöl einen stressbedingten Bluthochdruck akut senkt.[15] Die Entdeckung beruht auf einem früheren Versuch, bei dem festgestellt wurde, dass die Blutgefäße unmittelbar nach dem Verzehr einer einzigen Portion Walnussöl elastischer wurden. Andere Untersuchungen zeigen, dass der tägliche Verzehr von Walnüssen und Walnussöl Hautekzeme lindern kann.

[15] *Journal of the American College of Nutrition, 2010, Ausgabe 29.*

DIE REZEPTE: EINLEITUNG

Von Sandra Pugliese

Ich habe noch nie so viele Nüsse gegessen wie beim Testen der Rezepte für dieses Buch. Nüsse – nicht nur als Garnierung, Nussmilch und Nussbutter – sind in meiner Küche nicht mehr wegzudenken.

Und sie sind nicht nur gesund, sie können noch viel mehr! Mit ihnen kann ein langweiliger Salat fantastisch schmecken und auch die Reste vom Hühnchen des Vortags werden damit umso besser.

Ich habe für meine Gerichte schon immer viele Kräuter verwendet, aber in Kombination mit Nüssen schmeckt alles einfach genial.

Mir ist klar, dass es uns meist nicht möglich ist, allzu viele kulinarische Abenteuer in den hektischen Alltag einzubauen. Aber auch ein bisschen ist schon positiv. Die meisten Gerichte in diesem Buch sind leicht nachzukochen und nicht besonders zeitaufwendig. Wenn aber auch das manchmal zu viel ist, fangen Sie einfach ganz klein an!

Peppen Sie den Fisch oder das Hühnchen aus dem Ofen mit ein paar grob gehackten Nüssen auf, die Sie in Butter oder Öl rösten. Dazu ein paar Salbeiblättchen für zusätzliches Aroma und Gesundheit.

Oder rösten Sie eine große Portion grob gehackter Nüsse als Vorrat, die Sie hier und da als Garnierung verwenden.

Hausgemachtes Granola ist schnell gemacht und schmeckt erheblich besser als diverse Fertigprodukte – das gilt auch für Nussmilch, Nussbutter und Nutella. Auch Ihre Kinder, Partnerinnen oder Partner und die Freunde werden es lieben, wenn Sie hausgemachte Bounty-Riegel oder Cashewfudge auftischen. Und Fastfood erhält eine völlig neue Bedeutung, wenn Sie die leckeren Hähnchennuggets auf Seite 130 ausprobieren!

Welche Nüsse Sie wählen, bleibt ganz Ihnen überlassen. Die in den Rezepten angegebenen Nüsse sind meine Favoriten für das jeweilige Rezept, wenn Sie aber gern experimentieren, dann lassen Sie Ihrer Fantasie einfach freien Lauf …

Ich wünsche Ihnen viel Spaß mit den Rezepten auf den nächsten Seiten.

GRUNDREZEPTE UND GETRÄNKE

In diesem Kapitel lernen Sie einige Grundrezepte kennen, die es viel leichter machen, die Welt der Nüsse zu betreten.

Wie schon erwähnt, dienen die Nusssorten in den jeweiligen Rezepten nur als Anregung, ich mag diese Varianten einfach am liebsten. Experimentieren Sie gern und verarbeiten Sie die Nüsse, die Sie mögen und gerade im Haus haben.

Auch wenn man leckere Nussmilch und -butter im Supermarkt kaufen kann, lohnt es sich natürlich, sie selbst herzustellen. Das ist billiger und auch viel gesünder.

Zu meinen Favoriten in diesem Kapitel zählen der kalte Minzedrink und der Eiskaffee. Nutella steht bei uns ohnehin immer im Kühlschrank.

Nussmilch

1,1 LITER/5 MINUTEN
+ EVTL. RÖSTEN UND/ODER EINWEICHEN: 1–12 STUNDEN

125 g Nüsse
1 l kaltes Wasser
evtl. etwas Vanillepulver
evtl. eingeweichte Datteln ohne Stein, Kokospalmzucker oder -sirup, kalt geschleuderter Honig oder Ahornsirup

Nussmilch können Sie auf verschiedene Arten herstellen:
Die Nüsse können über Nacht im Kühlschrank in kaltem Wasser eingeweicht werden, am besten in einem großen, sauberen Glas mit Deckel. Danach das Wasser wegschütten und die Nüsse mit sauberem, kaltem Wasser übergießen. Evtl. etwas Vanillepulver und Süßstoff nach Geschmack hinzufügen. So erhält man gut verdauliche Nussmilch, besonders viel übrigens bei Mandeln, die am besten eingeweicht werden, da so die Ausnutzung der vielen guten Nährstoffe erheblich gefördert wird.
Sie können die Nüsse auch einfach mit Wasser und den restlichen Zutaten mixen, das ist die schnellste Methode.
Schließlich können Sie trocken geröstete Nüsse erst bei geringer Hitze (125 °C) im Backofen ca. 20 Minuten rösten und dann mit den übrigen Zutaten mixen. Diese Methode ist mit Hasel- und Pekannüssen besonders lecker. Gerade wenn Sie süße Milch lieben, schmeckt das einfach fantastisch.
Ansonsten können Sie Nüsse übrigens auch vorsichtig trocken rösten, die über Nacht eingeweicht waren. Das Wasser abgießen, die Nüsse leicht trocknen, in eine feuerfeste Form geben und wie oben im Ofen rösten, aber etwas länger.
Ich lasse meine Milch gern ungefiltert, weil das am gesündesten ist, aber wenn Sie die Milch wie aus dem Laden haben möchten, können Sie die hausgemachte Nussmilch durch ein grobes Sieb gießen.

Die Milch ist im Kühlschrank 2–3 Tage haltbar.

Kokosmilch und Kokosbutter

CA. 1 LITER KOKOSMILCH UND 110 GRAMM KOKOSBUTTER/ 10 MINUTEN

Kokosmilch
65 g Kokosmehl
800 – 1.200 ml Wasser
½ TL Vanillepulver, nach Belieben
1 Prise feines Himalayasalz, nach Belieben

Wasser aufkochen und einige Minuten auf ca. 80 °C abkühlen lassen. Mit Kokosmehl, Vanillepulver und Salz vermengen.
Die Wassermenge hängt ein bisschen davon ab, wozu Sie die Milch verwenden möchten. Wenn Sie z. B. ein Curry zubereiten möchten, sollte die Milch etwas dicker sein, also weniger Wasser enthalten – für Smoothies, Latte oder als Zutat in warmen Gerichten kann sie dünnflüssiger sein. Fangen Sie einfach mit 800 ml Wasser an und fügen Sie mehr hinzu, bis die Milch die gewünschte Konsistenz hat.
Kokosmilch hat die Tendenz, leicht zu klumpen, wenn sie gekühlt wird. Das ist nicht schlimm, wenn sie beim Kochen verarbeitet wird, aber vielleicht unangenehm, wenn man sie als Milch trinken möchte.

Die Milch ist im Kühlschrank 2 – 3 Tage haltbar.

Kokosbutter
ca. 150 g Kokosmehl
½ TL Vanillepulver, nach Belieben
1 Prise feines Himalayasalz, nach Belieben
evtl. Aromen wie Kakao, Zimt, Kardamom, Zitronen- oder Orangenschale

Aus dem rohen Kokosmehl können Sie feine, weiße, milde Kokosbutter herstellen. Oder das Mehl leicht in der Pfanne anrösten, bis es gerade anfängt, zu bräunen. Ich mag Letzteres lieber, der Geschmack ist dann aber eher etwas herber.

Kokosmehl, Vanillepulver und Salz in einer Küchenmaschine oder im Minihacker einige Minuten zur cremigen Butter mixen. Je nach Gerät und gewünschter Konsistenz dauert das etwa 5–10 Minuten. Beim Schlagen die Masse mehrmals vom Schüsselrand nach unten schieben. Evtl. mit den vorgeschlagenen Aromen abschmecken.

Die Butter in ein sauberes, ausgespültes Glas mit dicht schließendem Deckel geben und im Kühlschrank aufbewahren. Die Kokosbutter ist mindestens 1 Woche haltbar.

EISKAFFEE MIT NUSS-MILCH

2* PORTIONEN/2 MINUTEN + EINFRIEREN DES KAFFEES: 6 STUNDEN

300 ml starker, abgekühlter Kaffee
500 ml hausgemachte Nussmilch, siehe Rezept S. 44
Datteln, Kokossirup, Kokospalmzucker, kalt geschleuderter Honig oder Ahornsirup

Kaffee in einen Eiswürfelbehälter oder in Eiswürfelbeutel geben und 4–6 Stunden einfrieren, bis er durchgefroren ist.
Die Milch mit Lieblingssüßmittel in beliebiger Menge mischen. Ich nehme ca. 1 TL Honig pro Person.
In jede Tasse 2–3 Kaffeeeiswürfel geben, je nach gewünschter Stärke.

Variante
Ich nehme ungefilterte Nussmilch für dieses Getränk, auch wenn sie etwas dickflüssig ist. Einerseits mag ich es so, andererseits ist es auch gesünder. Sie können die Milch aber auch filtern, wenn sie die dicke Variante nicht mögen.

* *Die Kaffeemenge füllt einen kompletten Eiswürfelbehälter und ergibt mehrere Tassen. Sie können den Kaffee auch süßen, dann müssen Sie keine süße Milch verwenden und nichts mischen, wenn Sie ihn genießen möchten. Bei dieser Methode ist es richtig lecker, wenn die Kaffeewürfel ganz in der Milch schmelzen.*

Eiskalter Minzedrink mit Nussmilch

2 PORTIONEN/2 MINUTEN

500 ml hausgemachte Nussmilch
1 kleine Handvoll aromatische Minze, z. B. Pfefferminze
1 kleiner EL kalt geschleuderter Honig, alternativ Kokospalmsirup, Ahornsirup oder Datteln
eine Handvoll Eiswürfel

Minze waschen und schleudern, mit Nussmilch, Honig und Eiswürfeln mixen. Sie können die Milch stattdessen auch mit Minze und Honig mixen und über die Eiswürfel gießen.

Variante
Das Getränk schmeckt auch toll mit Zitronenverbene, Zitronenmelisse oder Basilikum. Fein geriebene Zitronen-/Orangenschale ist ebenfalls lecker oder wie wäre es mit rohem Lakritzpulver? Ich nehme die ungefilterte Nussmilch für dieses Getränk, auch wenn es etwas dickflüssig wird. Einerseits mag ich es so, andererseits ist es auch gesünder. Sie können die Milch aber auch filtern, wenn Sie die dicke Variante nicht mögen.

BLAUBEER-SMOOTHIE

– MIT ERDNUSSBUTTER

2 PORTIONEN/5 MINUTEN

200 g Erdbeeren, tiefgekühlt*
100 g Blaubeeren, tiefgekühlt*
1 große Banane, ca. 100 g Schälgewicht
1½ EL (ca. 75 g) ungesüßte Erdnussbutter
1 kleiner EL kalt geschleuderter Honig, alternativ 3 große, eingeweichte Datteln ohne Stein
300 ml ungesüßte Nussmilch, siehe Rezept S. 44
1 große, ungespritzte Orange
1½ TL gemahlener Zimt
½ TL Vanillepulver

Erdbeeren, Blaubeeren, Banane, Erdnussbutter, Honig, Nussmilch, fein geriebene Orangenschale und den ausgepressten Saft (ca. 100 ml) mit Zimt und Vanillepulver im Blender zu einem leckeren, cremigen Smoothie mixen.

Variante
Für mehr Aroma und Gesundheit ein paar Kräuter hinzufügen. Basilikum, Estragon, Minze, Zitronenverbene und Zitronenmelisse passen hervorragend zum Smoothie, sie verleihen ihm ein ganz besonderes Aroma.

* *Das dänische Gesundheitsamt empfiehlt, tiefgefrorene Beeren vor der Verarbeitung einige Minuten zu kochen. Wir verwenden sie immer ungekocht, aber um den Empfehlungen zu folgen, können Sie Folgendes machen: Die Beeren kurz aufkochen lassen, dann in ein Metallgefäß füllen, darin kühlen sie schneller ab. Danach können sie in den Smoothie. Sie sollten jedoch ein paar Eiswürfel hinzufügen und evtl. die Bananenscheiben vorher einfrieren. Alternativ können Sie die Beeren nach dem Kochen wieder einfrieren, dann geht es beim nächsten Mal schneller …*

WARME HASELNUSSMILCH MIT INGWER

2 PORTIONEN/10 MINUTEN

500 ml Haselnussmilch, siehe Rezept S. 44
25–35 g Ingwer, Schälgewicht
ca. 1 EL Honig, Kokospalmsirup/-zucker oder Medjool-Datteln

Haselnussmilch mit Ingwer und Honig mischen, langsam bis unter den Kochpunkt erhitzen. Je nachdem, wie „spicy" die Milch sein soll, mehr oder weniger Ingwer hinzufügen.

Variante
Natürlich kann die Milch auch mit einer anderen Nussmilch zubereitet werden, ich finde sie einfach mit dem gerösteten Haselnussaroma am leckersten.
Ich nehme die ungefilterte Nussmilch für dieses Getränk, auch wenn es etwas dickflüssig wird. Einerseits mag ich es so, andererseits ist es auch gesünder. Sie können die Milch aber auch filtern, wenn Sie die dicke Variante nicht mögen.

NUSSBUTTER

CA. 200 GRAMM/15–25 MINUTEN + EVTL. RÖSTZEIT: 30 MINUTEN

Die Herstellung von Nussbutter in allen möglichen Variationen ist wirklich ganz einfach. Allerdings ist eine Küchenmaschine mit viel Power erforderlich, die längere Zeit in Betrieb sein darf. Ich nehme meistens meinen Magimix-Foodprocessor, ein richtig guter Blender oder Minihacker tut es aber auch. Je nach Küchenmaschine kann es sinnvoll sein, die doppelte Menge zuzubereiten, weil die Maschine die Masse sonst beim Rühren nicht richtig erfasst.

200 g Nüsse
1 Prise Himalayasalz
evtl. etwas natives Kokosöl

Aromen
Zimt
Kardamom
Piment
Vanillepulver
fein geriebene, ungespritzte Zitronen- oder Orangenschale
Himalayasalz – besonders bei hausgemachter Erdnussbutter mit ungesalzenen Erdnüssen

Die Nussbutter kann mit gerösteten oder ungerösteten Nüssen zubereitet werden. Zum Rösten in eine große Pfanne geben und langsam bei geringer Hitze (150 °C) für 20–30 Minuten rösten. Die Nüsse in die Küchenmaschine, den Minihacker oder Blender geben und zur cremigen Nussbutter verarbeiten. Das dauert je nach Maschinentyp 10–20 Minuten. Gönnen Sie der Maschine zwischendurch eventuell eine Pause und schaben Sie die Mischung von den Seiten nach unten. Wenn die Nussbutter zu dick wird, ein bisschen Öl hinzufügen – auch, wenn es die Maschine bei dieser Aufgabe ein wenig schwerer hat.
Die Butter in ein sauberes, ausgespültes Glas geben und im Kühlschrank aufbewahren. Sie hält sich dort gut 1–2 Wochen, wenn Sie jedes Mal ein sauberes Messer benutzen.

HAUSGEMACHTES NUTELLA

CA. 250 ML/15 MINUTEN + RÖSTEN DER NÜSSE: 20 MINUTEN

Variante 1
100 g Haselnüsse
200 g gut eingeweichte Datteln, ohne Stein
1 EL kalt geschleuderter Honig, Ahornsirup oder Kokossirup
3–4 EL Kakaopulver
1 TL Vanillepulver
2 EL extra natives Kokosöl
1 Prise Himalayasalz

Die Nüsse im Ofen bei 150 °C ca. 20 Minuten rösten. In ein Geschirrtuch geben und einen Teil der Schale abreiben. Das ist nicht zwingend notwendig, aber das Nutella wird dann nicht so bitter.
Haselnüsse in der Küchenmaschine mixen, bis sie fast zu Nussbutter geworden sind, das dauert ca. 5–10 Minuten. Datteln, Honig, Kakaopulver, Vanillepulver, Kokosöl und Salz hinzufügen und zur cremig-festen Masse mixen.
Das Nutella in ein sauberes, ausgespültes Glas geben. Es ist im Kühlschrank 2–3 Wochen haltbar.
Diese Variante schmeckt auch mit etwas Orangenschale ziemlich genial. Ich füge gern ein bisschen Kokosmilch hinzu, dann wird die Konsistenz etwas „nutelliger", es klappt aber auch mit geschmolzener Schokolade.

Variante 2
100 g Haselnüsse
150 ml Schlagsahne
100 g dunkle Schokolade, mind. 70 %
50 g Butter
1 TL Vanillepulver
1 Prise Himalayasalz
evtl. etwas kalt geschleuderter Honig, Ahornsirup oder Kokossirup

Nüsse wie oben beschrieben rösten.
Schlagsahne bis zum Kochpunkt in einem kleinen Topf erhitzen, von der Platte nehmen. Schokolade und Butter darin schmelzen lassen.
Haselnüsse in der Küchenmaschine mixen, bis sie fast zu Nussbutter geworden sind, das dauert ca. 5–10 Minuten.
Die Nüsse mit der Schokomischung, Vanillepulver und Salz vermengen. Mit etwas Honig abschmecken, wenn Sie es süßer mögen.
Das Nutella in ein sauberes, ausgespültes Glas geben und im Kühlschrank aufbewahren. Es hält mindestens 1 Woche – wenn es bis dahin nicht längst verputzt ist ...

GERÖSTETE NÜSSE

– VERSCHIEDENE VARIANTEN

180 GRAMM/20–30 MINUTEN

Es gibt unendlich viele Methoden zum Rösten von Nüssen, hier ein paar Beispiele. Dabei ist es immer wichtig, sie nicht zu stark zu rösten, siehe auch Kommentare von Martin auf S. 15 zum Rösten von Nüssen.

Diverse geröstete Nüsse schmecken als Snacks, im Salat und in Desserts einfach unwiderstehlich. Ich bereite mir mittags oft einen großen, üppigen Salat mit vielen gerösteten Nüssen zu, einfach unvergleichlich, wie sie einen langweiligen Salat oder ein Gemüsegericht aufpeppen können.

Geröstete Nüsse mit Honig und Rosmarin
1 EL Butter
1 EL Honig
180 g gemischte Nüsse
¼ TL feines Himalayasalz
1 großer Zweig Rosmarin

Butter mit Honig schmelzen lassen, mit Nüssen und Salz vermengen. Rosmarin waschen und schleudern, die Blättchen fein hacken. Mit den Nüssen mischen und die Mischung auf einem Backblech mit Backpapier verteilen. Bei 175 °C Umluft ca. 20–30 Minuten rösten. Dabei mehrmals wenden.
Abkühlen lassen, dann kühl und trocken in einem dicht schließenden Behälter aufbewahren.

Variante
Sie können diese Nüsse mit allen möglichen Gewürzen verfeinern. Ich nehme oft eine Mischung aus Zimt und Kardamom (ca. 1 kleiner EL insgesamt) oder süßes Paprikapulver. Lecker auch als „Weihnachtsvariante" mit Zimt/Kardamom/Nelken/Piment. Fein geriebene Orangenschale ist gleichfalls genial!

DUKKAH

CA. 130 GRAMM/20 MINUTEN

60 g Haselnüsse
½ TL Kurkuma
70 g Sesamsamen
1–2 TL Zimt
4 TL Koriandersamen
Himalayasalz
2 TL Kreuzkümmel, gemahlen

Alle Zutaten separat im vorgeheizten Ofen bei 175 °C für 5–15 Minuten rösten. Darauf achten, dass nichts anbrennt! Die Haselnüsse benötigen 15 Minuten, Sesamsamen 8–10 Minuten und die Gewürze 5–10 Minuten.
Sie können alles zusammen im Ofen rösten, wenn Sie es auf 1–2 Backbleche mit Backpapier verteilen. Einige Zutaten können auch in einer feuerfesten Form geröstet werden. Koriandersamen und Kreuzkümmel können gemeinsam geröstet werden, das gilt auch für Kurkuma und Zimt. Nach dem Rösten alles in einem Blender, mit der Küchenmaschine, dem Minihacker oder einer Kaffeemühle fein mahlen. Nicht zu lange mixen, sonst wird die Mischung zu ölig.

Variante
Es gibt zahllose Dukkah-Varianten und in Ägypten, dem Ursprungsland, hat jede Familie ihr eigenes Rezept. Sie können mit mehr Sesamsamen und weniger Nüssen variieren oder die Menge an Gewürzen deutlich erhöhen. Probieren Sie auch gern etwas Chili, getrocknete Pfefferminzblättchen oder andere exotische Gewürze aus.

In Ägypten wird Dukkah traditionell zu Brot und Öl als leichter Snack gereicht, bei uns gibt es Gewürzmischungen eher zu Fisch und Fleisch. Ich verwende es für alles, für Röstbrot mit etwas Öl und evtl. ein bisschen Knoblauch, zu Hühnchen, Fisch und gegrilltem Gemüse.

GRANOLA

CA. 750 GRAMM/35 MINUTEN

125 g Honig oder Ahornsirup
2 TL Vanillepulver
75 g Haselnüsse
75 g Kürbiskerne
100 ml extra natives Kokosöl
75 g Mandeln
75 g Kokosmehl
400 g Haferflocken* oder Roggen-, Dinkel- oder Quinoaflocken (glutenfrei)
1 TL feines Himalayasalz
1 Handvoll Rosinen, eingeweichte Datteln oder Aprikosen

Honig mit dem Öl vorsichtig in einem Topf einige Minuten erhitzen, damit die Mischung leichter verarbeitet werden kann.
Alle Zutaten bis auf die Rosinen gut vermengen und auf einem Backblech mit Backpapier verteilen. Im vorgeheizten Ofen bei 150 °C 25–35 Minuten backen. Dabei mehrmals wenden. Granola abkühlen lassen, dann die Rosinen hinzufügen. In einem großen Glas mit Deckel kühl und trocken aufbewahren. Das Granola ist mindestens 4 Wochen haltbar.

Variante
Das Granola schmeckt einfach so schon lecker, aber Sie können alle möglichen Gewürze wie Kardamom, Zimt, Piment, zerstoßene Nelken, fein geriebene Zitronen- oder Orangenschale und getrocknete Pfefferminze, fein gemahlen in der Kaffeemühle, hinzufügen.

Wenn Sie die Haferflocken durch Buchweizenkörner ersetzen, wird es noch chrunchiger. Statt Rosinen können Sie Datteln, Aprikosen oder getrocknete Cranberrys verwenden.

* *Für glutenfreies Granola glutenfreie Haferflocken verwenden.*

PESTO, HUMMUS UND BROT

Traditionelles Hummus ist schon schmackhaft, aber ich finde, dass es mit Nussbutter und gerösteten Nüssen als Topping noch besser wird, besonders als Beilage zu leckerem Gemüse.

Wie schon in der Einleitung erwähnt, habe ich beim Testen der Rezepte Unmengen an Nüssen gegessen, und dabei sind mir leckeres Nusshummus und Nusssoßen wie Muhammara auf S. 84 und die Romescosoße auf S. 136 besonders im (Geschmacks-)Gedächtnis geblieben. Ich esse das Hummus sehr gern zu einem großen, üppigen Gemüsesalat oder einfach als Aufstrich auf einem leckeren Stück Brot.

Das Walnuss-Stangenbrot ist eine Variante aus meinem ersten Kochbuch, weil Walnüsse im Brot einfach genial schmecken. Und in diesem Rezept mit Fenchelsamen erhält es einen neuen Kick, der nahezu süchtig macht!

AUBERGINEN-HUMMUS

– MIT HASELNUSSBUTTER

2–4 PORTIONEN/10 MINUTEN + BACKZEIT: 60 MINUTEN + EINWEICHZEIT: 12 STUNDEN

1 Aubergine, ca. 350 g
200 g Kichererbsen, gekocht*
1½ EL Haselnussbutter
2 EL extra natives Olivenöl
Saft von 1 großen, ungespritzten Zitrone
2–3 EL kaltes Wasser
4 Knoblauchzehen
1 Handvoll Basilikum
1 kleine Handvoll Haselnüsse
Himalayasalz

* *Gekochte Kichererbsen aus der Dose sind nicht aromatisch genug. Wenn Sie keine selbst gekochten haben, nehmen Sie lieber Bohnen aus der Dose (abgetropft) oder kochen etwas anderes. Kichererbsen kochen ist ganz leicht: 8–12 Stunden in kaltem Wasser einweichen. Das Wasser abgießen und die Erbsen in frischem, kaltem, ungesalzenem Wasser weich kochen. Das dauert etwa 45–60 Minuten. Sie benötigen 150 g getrocknete Kichererbsen, um 300 g gekochte zu erhalten. Machen Sie einfach eine größere Portion, sie lassen sich gekocht nämlich gut einfrieren, sodass Sie immer fast frisch gekochte Kichererbsen zur Hand haben. Die Kichererbsen dann einfach aus dem Gefrierschrank nehmen, mit kochendem Wasser übergießen und eine Minute später sind sie fertig.*

Aubergine waschen und abtrocknen. An mehreren Stellen mit einer Gabel einstechen und im vorgeheizten Ofen bei 180 °C Heißluft für 40–45 Minuten backen. Sie sollte komplett weich sein. Das können Sie prüfen, indem Sie mit einem Fleischspieß hineinstechen.
Das Fruchtfleisch herausschaben und die Schale entsorgen. Das Fruchtfleisch zusammen mit der Nussbutter, 1 EL Öl, fein geriebener Zitronenschale und dem Saft der halben Zitrone, 2 EL Wasser und Knoblauch in die Küchenmaschine geben.
Basilikum mit einem feuchten Tuch abtupfen und hinzufügen. Alles zum cremigen Hummus mixen. Eventuell zusätzliches Wasser hinzugeben, mit Salz und nach Belieben mit etwas zusätzlichem Zitronensaft abschmecken.
Nüsse grob hacken und ein paar Minuten im restlichen Öl anschwitzen.
Das Hummus mit den gerösteten Nüssen als Garnierung servieren.

Variante
Das Hummus kann auch mit gebratener Aubergine zubereitet werden. Dann können Sie auch die Schale verwenden. Ich bereite es häufig so zu, dann salze ich die Aubergine, nachdem ich sie in Würfel geschnitten habe. Sie sollte ca. 1 Stunde mit Salz in einem Sieb liegen. Danach kurz abspülen und das Wasser herauspressen. Jetzt 5–7 Minuten in einer Pfanne mit etwas Olivenöl braten. Dann wie im Rezept weiterverarbeiten. Das Hummus wird wegen der Schale dann etwas dunkler.

HUMMUS

– MIT GERÖSTETEN MANDELN UND ROSMARIN

2–4 PORTIONEN/10 MINUTEN + BACKZEIT: 30 MINUTEN

1 – 2 Pastinaken oder Petersilienwurzeln,
Schälgewicht ca. 125 g
3 EL extra natives Olivenöl
2 große Handvoll Mandeln, ca. 100 g
4 große Zweige Rosmarin
1 kleine, ungespritzte Zitrone
2-3 EL kaltes Wasser
4 Zehen Knoblauch
200 g gekochte Kichererbsen*
Himalayasalz

Die Wurzelfrüchte schälen und in kleine Würfel schneiden. In eine feuerfeste Form geben, mit ½ EL Öl und ½ EL kaltem Wasser vermengen und im Ofen bei 175 °C Heißluft ca. 30 Minuten ganz weich backen.
⅔ der Mandeln in einer mittelwarmen Pfanne trocken rösten, bis sie anfangen, zu duften – sie sollten nicht bräunen.
Knoblauchzehen schälen. Rosmarin waschen und schleudern, die Stängel entsorgen.
Die gebackenen Wurzeln mit Kichererbsen, gerösteten Mandeln, Knoblauch, fein geriebener Schale und Saft der Zitrone, 2 EL Wasser, 1½ EL Öl und den Blättchen von 2 Rosmarinzweigen in einer Küchenmaschine zum cremigen Hummus mixen. Evtl. etwas Wasser zugeben, wenn die Konsistenz zu dick wird. Mit Salz abschmecken.
Die restlichen Rosmarinblättchen fein hacken, die restlichen Mandeln grob hacken. Beides im restlichen Öl einige Minuten bei geringer Hitze anschwitzen.
Das Hummus mit der Rosmarinmischung als Garnierung servieren.

* *Infos zu Kichererbsen siehe Rezept auf der vorherigen Seite.*

TOMATEN-CHILI-PESTO

400 ML/10 MINUTEN

3 große Tomaten, 200 g entkerntes Gewicht
2 Handvoll Cashewkerne, ca. 75 g, oder Macadamianüsse
getrocknete Tomaten in Öl*, ca. 75 g Abtropfgewicht
1 Handvoll Petersilie
1 Chili, rot
2 große Zweige Rosmarin
50 g Pecorino oder Parmesan
Himalayasalz
4 EL extra natives Olivenöl
2 große Knoblauchzehen

Tomaten waschen, in Viertel schneiden und entkernen. Kerne entsorgen oder für eine Tomatensoße verwenden. Chili waschen und Samen entfernen, diese entsorgen.
Die Nüsse bei mittlerer Hitze leicht in einer Pfanne oder im Ofen bei 150 °C für ca. 15 Minuten trocken rösten.
Petersilie waschen und schleudern. Rosmarin waschen, Blättchen abziehen und Stängel entsorgen. Knoblauchzehen schälen.
Die getrockneten und frischen Tomaten, Chili, Nüsse, Petersilie, Rosmarin, Knoblauch, Käse und Öl in einer Küchenmaschine zum cremigen Pesto mixen. Mit Salz abschmecken.

* *In größeren Supermärkten erhältlich. Die ofengebackenen Tomaten sind in der Regel etwas saftiger als die sonnengetrockneten.*

Sie können auch eine halbe Portion zubereiten, die Arbeit ist jedoch die gleiche und das Pesto hält sich 5–6 Tage im Kühlschrank. Daher empfehle ich, direkt eine ganze Portion zuzubereiten. Es schmeckt hervorragend als Beilage zum Salat, zu Brot und Käse, als Brotaufstrich, zu Fleisch oder Fisch oder als Beilage zu gedämpftem Gemüse.

TRADITIONELLES PESTO

– MIT KICK

CA. 300 ML/20 MINUTEN

1 sehr große Handvoll Haselnüsse, ca. 60 g
2 große Handvoll Basilikum
3 große Handvoll Babyspinat
1 Knoblauchzehe
80 g Pecorino oder Parmesan
75–100 ml extra natives Olivenöl
Himalayasalz

Die Nüsse bei mittlerer Hitze einige Minuten in der Pfanne rösten. In eine Küchenmaschine geben.
Basilikum mit einem feuchten Tuch abtupfen, wenn es notwendig ist. Spinat waschen und schleudern.
Basilikum, Spinat, geschälten Knoblauch, Pecorino und Öl in die Küchenmaschine geben und alles zum cremigen Pesto mixen. Mit Salz abschmecken.

Variante
Dieses Pesto ist gewollt nusslastig. Sie können die Menge an Nüssen aber reduzieren und die für das Gemüse erhöhen, wenn Sie das lieber mögen. Außerdem können Sie andere Kräuter und Salate nehmen, z. B. Rucola und Petersilie. Statt Haselnüssen funktioniert es auch mit allen anderen Sorten, ich finde es z. B. mit Pekannüssen superlecker.

MUHAMMARA

CA. 300 ML/30 MINUTEN

3 große rote Paprika, ca. 500 g ohne Kerne
3 große Handvoll Walnüsse, 125 g
½ ungespritzte Zitrone
½ TL Chipotle Flakes oder normale getrocknete Chiliflocken*
¾ TL geräuchertes süßes Paprikapulver oder normales süßes
1 Zehe Knoblauch
3 EL extra natives Olivenöl
½–1 EL Granatapfelsirup**, Honig oder Ahornsirup
¾ TL Himalayasalz
schwarzer Pfeffer, frisch gemahlen

Paprika waschen und Kerne entfernen. Mit der Hautseite nach oben auf ein Backblech mit Backpapier legen. Im vorgeheizten Ofen 6–10 Minuten grillen, bis sie schwarz, aber nicht komplett eingetrocknet sind. Die Grillzeit variiert von Ofen zu Ofen stark. Herausnehmen und auf ein Küchentuch legen, bis sie zum Pellen kühl genug sind. Die Schale abziehen und die Paprika in eine Küchenmaschine geben.
Walnüsse in einer Pfanne bei mittlerer Hitze einige Minuten trocken rösten. Mit der fein geriebenen Zitronenschale und den restlichen Zutaten in der Küchenmaschine vermengen und zum cremigen „Pesto" mixen. Evtl. mit etwas Zitronensaft abschmecken.

* *Chipotle Flakes sind im Supermarkt und online erhältlich.*

** *Granatapfelsirup ist online und im Supermarkt erhältlich.*

Muhammara ist köstlich als Dip zu Gemüse, als Dressing für den Salat, als Brotaufstrich mit etwas Käse und Wurst – oder einfach so.

WALNUSS-STANGENBROT

– MIT FENCHELSAMEN

3–4 FLUTES/CA. 20 MINUTEN + GEH- UND BACKZEIT: CA. 3 STUNDEN

600 ml Wasser
25 g Hefe
1 EL Honig oder Ahornsirup
150 g Walnüsse
3 TL Fenchelsamen
1½ TL feines Himalayasalz
3 EL extra natives Olivenöl
⅔ TL fein geriebene Muskatnuss
200 g Roggenmehl oder Weizenmehl
650–700 g fein gesiebtes Dinkelmehl oder Weizenmehl

Wasser auf ca. 37 °C erwärmen (handwarm). Hefe in Wasser auflösen und Honig darin verrühren. Die Mischung 10 Minuten ruhen lassen, damit die Hefe etwas gehen kann.
Die Walnüsse grob hacken und einige Minuten bei mittlerer Hitze in der Pfanne trocken rösten. Die Fenchelsamen leicht zerdrücken und in den letzten 30 Sekunden mitrösten.
Walnüsse, Fenchelsamen, Salz, Öl, Muskatnuss und Mehl in die Hefemischung geben und gut verkneten, gern 5–10 Minuten mit einem Handrührgerät oder der Küchenmaschine.
Die Schüssel mit einem feuchten Tuch abdecken und den Teig auf doppelte Größe aufgehen lassen.
Teig zu Stangenbroten formen, an mehreren Stellen ein paar Millimeter tief schräg einschneiden und dann erneut 30 Minuten gehen lassen. Im vorgeheizten Ofen bei 200 °C Heißluft je nach Größe der Brote 12–20 Minuten backen. Zwischendurch kontrollieren – sie sind fertig, wenn es beim Klopfen auf die Unterseite hohl klingt.

PALEOBROT

– MIT KICK

1 BROT/10 MINUTEN + BACKZEIT: CA. 35 MINUTEN

325 g Nüsse, z. B. Haselnüsse und Mandeln
5 große Eier
1 EL Honig, Ahornsirup oder Kokospalmsirup
2 EL Kokosmehl
5 EL extra natives Olivenöl
3-4 große Zweige Rosmarin
3 EL kleine schwarze Oliven ohne Stein
½ TL feines Himalayasalz
1 gehäufter TL Backpulver

Die Nüsse in der Küchenmaschine zu Mehl mixen.
Die Eier mit dem Honig verschlagen.
Nussmehl, Kokosmehl und Öl vorsichtig zur Eimischung hinzufügen. Rosmarin waschen und schleudern, die Blättchen fein hacken und die Stängel entsorgen. Oliven grob hacken.
Rosmarin, Oliven, Salz und Backpulver in den Teig mischen und diesen in eine eingefettete Brotform geben.
Das Brot bei 175 °C Heißluft ca. 35 Minuten backen. Bei der Garprobe sollte kein Teig am Stäbchen hängen bleiben.

Variante
Ein Teil der Nüsse und des Mandelmehls kann mit Kürbiskernen ersetzt werden, die auch zu Mehl gemixt werden.

KALTE GERICHTE, SNACKS UND SALATE

Jetzt kommt mein absolutes Lieblingskapitel! Es gibt so unfassbar viele kleine Gerichte und Salate, die man mit Nüssen zubereiten kann, sie schmecken so großartig, dass selbst der größte Gemüseskeptiker kapitulieren muss und sich der glückseligen Welt von Aroma und Genuss hingeben wird!

Nüsse schmecken nicht nur fantastisch, sie verleihen einem Gericht auch Biss, der in vielen Fällen das Geschmackserlebnis perfekt abrundet.

Wenn Sie Gambas mögen, sollten Sie den Salat auf Seite 100 mit den knusprig gebratenen Kokos-Gambas probieren. Er schmeckt ausgezeichnet und wenn Sie Gambas für Gäste zubereiten, servieren Sie stattdessen einen leckeren Dip dazu. Eine süße (gern hausgemachte) Chilisoße, ein leichter Dip mit Ingwer oder der Spicy Peanut-Dip auf Seite 92 passen auch wunderbar dazu.

Ich möchte auch meine Variante des italienischen Klassikers „Insalata Caprese“ mit krossen Auberginen-Nussscheiben empfehlen. Auch wenn ich das Original liebe, finde ich, dass er so noch besser schmeckt.

KNACKIGE GEMÜSE DER SAISON

– MIT 2 SORTEN DIP

2* PORTIONEN/30 MINUTEN

2–4 Handvoll Gemüse der Saison

Spicy Peanut-Dip (200 ml)
3 große EL Erdnussbutter, 125 g
1 EL Kokosmehl
2 EL kaltes Wasser
1 EL Tamari oder Sojasoße
Saft von 2 großen Limetten
1–2 Prisen Chiliflocken
1 große Knoblauchzehe
2 TL Fischsoße
1–2 TL Honig, gern kalt geschleudert, oder Ahornsirup
2–3 TL Tamarindpaste oder 1 TL Honig

Pikanter Macadamia-Dip (200 ml)
2–3 große Handvoll Koriander oder Thai-Basilikum, mind. 100 g
10–15 g Ingwer, Schälgewicht
100 g ungesalzene Macadamianüsse
1 kleine ungespritzte Zitrone
1 TL kalt geschleuderter Honig oder Ahornsirup
½ TL Himalayasalz
75–100 ml Kokoswasser, abgekühlter Pfefferminztee oder kaltes Wasser
evtl. eine Prise Chili

Gemüse waschen, evtl. schälen und in mundgerechte Stücke schneiden.

Peanut-Dip
Erdnussbutter, Kokosmehl, Wasser, Tamari, fein geriebene Limettenschale und 4 EL Saft, Chili, Knoblauch, Fischsoße, Honig und Tamarindpaste in einen Blender geben und zum cremigen Dip mixen. Bei Bedarf zusätzlich mit Limettensaft abschmecken.

Macadamia-Dip
Koriander waschen und schleudern, den Ingwer schälen. Nüsse, Koriander, Ingwer, fein geriebene Zitronenschale und 2 EL Saft, Honig, Salz, Kokoswasser und evtl. etwas Chili in einen Blender geben und zum cremigen Dip mixen. Bei Bedarf zusätzlich mit Zitronensaft abschmecken.

Das Gemüse mit 2 Dips servieren.

* *Ein Dip für 4 – 8 Personen, je nachdem, ob er zum Hauptgericht oder als Snack serviert wird. Weil er sich gut 4 – 5 Tage im Kühlschrank hält, empfehle ich, eine ganze Portion zuzubereiten und den Rest als Dip zu Gemüse, Fleisch oder Fisch zu reichen – oder als Dressing für ein leckeres Sandwich.*

GRAUPENSALAT

– MIT NÜSSEN UND ORANGEN

2 PORTIONEN/15 MINUTEN + KOCH- UND BACKZEIT: 30 MINUTEN

75 g Graupen
1 Handvoll Pistazien, geschält und am besten ungesalzen, ca. 50 g
1 Handvoll Paranüsse, ca. 50 g
1 kleine Handvoll Minze
1 Handvoll Petersilie
ca. 75 g Spinat, gern Babyspinat
2 kleine Zucchini, 400 g
3 Frühlingszwiebeln, ca. 45 g geputzt
3 große, eingeweichte Datteln ohne Stein
Saft von 1 großen Orange
2 EL extra natives Olivenöl
½ EL Apfelbalsamico oder Apfelcidre-Essig
Himalayasalz
schwarzer Pfeffer, frisch gemahlen

Graupen mehrmals mit Wasser abspülen, bis das Wasser klar ist. In frisches, kaltes, leicht gesalzenes Wasser geben und nach Packungsanweisung kochen, bis sie weich sind, aber noch Biss haben. Das dauert ca. 15 Minuten. Wasser abgießen, Graupen in ein Sieb geben und mit kaltem Wasser abspülen, abtropfen lassen.
Die Nüsse bei mittlerer Hitze einige Minuten in der Pfanne oder im Ofen bei 150 °C ca. 15–20 Minuten rösten. Grob hacken.
Kräuter und Spinat separat waschen und schleudern. Beides fein hacken.
Zucchini waschen, längs in dünne Scheiben schneiden und danach quer in feine Stäbchen. Frühlingszwiebeln waschen, Wurzel und den oberen grünen Teil entfernen, in dünne Ringe schneiden. Die Datteln in kleine Scheiben schneiden.
Die Graupen mit den Nüssen, Kräutern, Spinat, Zucchini, Zwiebeln und Datteln vermengen.
Die Orangenschale fein reiben, den Saft auspressen. Mit Essig und Öl in den Salat mengen, mit Salz und Pfeffer abschmecken.

APFELSALAT

– MIT ROQUEFORT UND WALNÜSSEN

2 PORTIONEN/20 MINUTEN

2 große Handvoll gemischte Salatblätter, z. B. Frisée, Chicorée und Radicchio
1 große Handvoll braune Champignons, ca. 125 g nach dem Putzen
1 großer grüner oder roter Apfel
1 Handvoll Kerbel
1 Handvoll Walnüsse oder Pekannüsse, ca. 40 g
100 g Roquefort oder Gorgonzola

Dressing
1 TL Apfelcidre-Essig
½ TL Dijonsenf
1½ EL extra natives Olivenöl
Saft von 1 kleinen Orange
Saft von 1 Zitrone
Himalayasalz
schwarzer Pfeffer, frisch gemahlen

Salatblätter waschen und schleudern. Die Champignons gründlich putzen und in dünne Scheiben schneiden. Apfel waschen, vierteln, das Kernhaus entfernen und die Viertel in dünne Scheiben schneiden. Die Scheiben mit Zitronensaft beträufeln, damit sie nicht braun werden.
Kerbel waschen und schleudern. Die Walnüsse grob hacken und einige Minuten bei mittlerer Hitze in der Pfanne trocken rösten.

Dressing
Essig mit Senf und Öl glatt schlagen. Fein geriebene Orangenschale und die Hälfte der Zitronenschale sowie den Orangensaft hinzufügen. Mit Salz und Pfeffer abschmecken.
Salat, Champignons und Apfel in einer großen Schüssel oder auf zwei Tellern anrichten. Den Roquefort darüberkrümeln, alles mit Kerbel und Walnüssen garnieren. Das Dressing darübergeben und servieren.

SALAT UND GAMBAS

– MIT KOKOS-CRUNCH UND TOMATEN-VINAIGRETTE

2 PORTIONEN/60 MINUTEN

Salat
2 große Handvoll knackiger grüner Salat, z.B. Frisée, Rucola und Salatherzen
1 große rote Paprika, ca. 175 g ohne Kerne
1 große Gurke, ca. 275 g
1 große Handvoll gepulte Erbsen, Dicke Bohnen oder Zuckererbsen

Tomaten-Vinaigrette
2 große Tomaten, ca. 200 g
1 kleine Schalotte, ca. 15 g Schälgewicht
½ TL Dijonsenf
ca. ½ TL kalt geschleuderter Honig oder Ahornsirup
1 EL Zitronenbalsamico*
1½ EL extra natives Olivenöl
Himalayasalz

Gambas
150 g rohe Gambas ohne Schale**
30 g fein gesiebtes Dinkel-, Weizen- oder Reisvollkornmehl (glutenfrei)
1 Ei
Saft von 1 großen Zitrone
50–75 g Kokosmehl
extra natives Kokosöl zum Braten
Himalayasalz und schwarzer Pfeffer, frisch gemahlen

Salat
Rucola waschen und schleudern. Paprika waschen, Kerne entfernen und in dünne Scheiben schneiden. Diese halbieren oder dritteln. Gurke waschen und in halbe Scheiben oder Stäbchen schneiden (Gurke für halbe Scheiben längs teilen und dann in dünne Scheiben schneiden) oder dünne Scheiben mit der Reibe hobeln. Erbsen oder Dicke Bohnen pulen. Wenn Sie Zuckererbsen verwenden, diese waschen und längs halbieren.

Tomaten-Vinaigrette
Tomaten waschen, vierteln, Kerne entfernen und das Fruchtfleisch in kleine Würfel schneiden. Zwiebel fein hacken. Senf, Honig, Balsamico und Öl zum Dressing verquirlen. Mit Salz abschmecken und die Tomaten hinzufügen.

Gambas
Mehl auf einen Teller geben und das Ei mit einer Gabel in einer kleinen Schüssel leicht aufschlagen. Kokosmehl auf einen anderen Teller geben und mit der fein geriebenen Zitronenschale mischen. Die Gambas mit Salz und Pfeffer würzen, im Mehl wenden, dann im Ei und schließlich im Kokosmehl. In Öl golden braten. Das gelingt am besten, wenn Sie einen kleinen Bräter oder eine Kasserolle verwenden (gern aus Gusseisen). Mind. 100 ml Öl hineingeben.

* *Sie können auch normalen weißen oder braunen Balsamico nehmen, aber der Zitronenbalsamico schmeckt im Dressing richtig frisch und fruchtig.*

** *Suchen Sie die Gambas sorgfältig aus. Die meisten stecken voller Medikamentenrückstände, nehmen Sie am besten ökologische, die mind. das MSC/ASC-Zertifikat tragen.*

Dieser Salat ist so üppig, dass er als Hauptmahlzeit verzehrt werden kann. Wenn Sie die leckeren Gambas ohnehin schon zubereiten, machen Sie einfach die doppelte Portion und gönnen Sie sich den Rest am nächsten Tag mit einem leckeren Dip, z. B. dem Spicy Peanut-Dip, S. 92, oder dem Dip zu Nuggets, S. 130.

SALAT VON GURKEN UND WINTERRETTICH

– MIT KOKOS UND INGWER

2 PORTIONEN/20 MINUTEN

½ kleiner Winterrettich, ca. 300 g
1 große Gurke, ca. 300 g
1 großer roter oder grüner Chili
3 große Frühlingszwiebeln
1 kleine Handvoll Thaibasilikum, nach Belieben
100 g Kokosflocken

Dressing:
10–15 g Ingwer, Schälgewicht
1 große, ungespritzte Limette
½ EL brauner Reisweinessig, nach Belieben
½ TL kalt geschleuderter Honig oder Ahornsirup

Winterrettich schälen und längs sehr fein hobeln. Am besten mit einer Reibe oder einem Sparschäler.
Gurke schälen und längs in sehr dünne Scheiben hobeln.
Chili waschen und in dünne Scheiben schneiden, Kerne entfernen. Frühlingszwiebel waschen, Wurzel und den oberen grünen Teil entfernen, in dünne Scheibchen schneiden, gern schräg.
Basilikum mit einem feuchten Tuch abtupfen und die Blättchen von den Stängeln abziehen.
Die Zutaten in einer Schüssel oder auf Tellern anrichten, mit Kokosflocken bestreuen.

Dressing
Ingwer grob, die Limettenschale fein reiben. Die Limette auf der Arbeitsfläche rollen, dann wird sie saftiger. Halbieren und auspressen. Aus Ingwer, Limettenschale und -saft, Reisweinessig und Honig ein Dressing herstellen.
Über den Salat geben und servieren.

GEBRATENE ZUCCHINIROLLEN

– MIT ZIEGENFRISCHKÄSE, RUCOLA UND WALNÜSSEN

2 PORTIONEN/25 MINUTEN + GRILLZEIT: 20 MINUTEN

1 große rote Paprika, ca. 175 g, ohne Kerne
1 große Zucchini, geputzt ca. 325 g
1 EL extra natives Olivenöl
1 große Handvoll Rucola, ca. 40–50 g
1 Handvoll Walnüsse, ca. 40 g
1 kleine Handvoll Basilikum
75 g Ziegenfrischkäse
1 ungespritzte Zitrone
Himalayasalz

Paprika waschen, halbieren und Kerne entfernen. Mit der Hautseite nach oben auf ein Backblech legen und im Ofen bei maximaler Hitze 5–8 Minuten grillen, bis die Hälften ziemlich schwarz sind.
Während die Paprika im Ofen grillt, die Zucchini waschen und längs in Scheiben schneiden. Es sollten insgesamt 6–8 Scheiben werden. Mit Öl bepinseln und in einer heißen Pfanne einige Minuten von jeder Seite braten. Das Backblech mit der Paprika mit einem Küchentuch abdecken, bis alles etwas abgekühlt ist. Die schwarze Schale abpellen, entsorgen und das Fleisch in dünne Streifen schneiden.
Rucola waschen und schleudern. Die Walnüsse grob hacken und einige Minuten bei mittlerer Hitze in der Pfanne trocken rösten.
Basilikum mit einem feuchten Tuch abtupfen.
Paprika, Rucola, Ziegenfrischkäse, Walnüsse, Basilikum und fein geriebene Zitronenschale auf den gebratenen Zucchinischeiben verteilen, mit etwas Salz bestreuen, zusammenrollen und servieren.

AUBERGINEN-SCHEIBEN

– MIT MANDEL-CRUNCH UND INSALATA CAPRESE

2 PORTIONEN/40 MINUTEN + SALZEN: 60 MINUTEN

Auberginenscheiben
1 kleine Aubergine, ca. 200 g
Himalayasalz
schwarzer Pfeffer, frisch gemahlen
1 ungespritzte Zitrone
2–3 EL fein gesiebtes Dinkelmehl, Weizenmehl oder Reismehl (glutenfrei)
2 Handvoll Paranüsse, Mandeln oder Cashewkerne, ca. 75 g
1 großes Ei
1½ EL extra natives Olivenöl

Insalata Caprese
3–4 große Tomaten, ca. 400–500 g (oder kleine Tomaten in verschiedenen Farben)
1 Büffelmozzarella
1½ EL extra natives Olivenöl
1 kleine Handvoll Basilikumblättchen

Auberginenscheiben

Auberginen waschen und in ca. 1 cm dicke Scheiben schneiden. In ein Sieb geben und ordentlich mit Salz bestreuen, ca. 2–3 TL. Nach 1 Stunde ist ein Teil des bitteren Saftes aus den Scheiben ausgetreten. Das Salz sofort mit kaltem Wasser abspülen und dann kräftig ausdrücken. Ich mache das erst mit der Hand und danach nochmals mit einem sauberen Küchentuch.
Die Scheiben mit etwas Salz, Pfeffer und fein geriebener Zitronenschale bestreuen. Danach in Mehl wenden. Die Nüsse fein hacken. Das Ei mit einer Gabel aufschlagen. Die Auberginenscheiben in Ei und danach in den Nüssen wenden. Auf ein Backblech mit Backpapier legen. Im vorgeheizten Ofen bei 180 °C für 20–30 Minuten golden, knusprig und gar backen. Zwischendurch gern vorsichtig wenden.

Insalata Caprese

Tomaten waschen und in Scheiben oder kleinere Stücke schneiden. Kleinere Tomaten nur halbieren.
Die Flüssigkeit vom Mozzarella abgießen und den Käse halbieren. Mozzarella, Tomaten und Auberginenscheiben auf Tellern anrichten. Mit etwas Salz bestreuen, mit Öl beträufeln und die Basilikumblätter darauf verteilen.

LAMMFRIKADELLEN

– MIT PISTAZIEN UND APRIKOSEN

4 PORTIONEN, 25–30 STÜCK/60 MINUTEN

400 g Lammhackfleisch
2 große Möhren, geschält 175 g
3 Schalotten, ca. 50 g
4 Knoblauchzehen
2 große Zweige Rosmarin
3 Handvoll Pistazien, ungesalzen und geschält, ca. 75 g
1 große Handvoll getrocknete Aprikosen, ca. 75 g
1 großes Ei
2 EL Schlagsahne oder z.B. Mandelsahne
1½ TL feines Himalayasalz
frisch gemahlener weißer oder schwarzer Pfeffer, ca. 10 Umdrehungen mit der Mühle
evtl. 1 Prise Chiliflakes
extra natives Olivenöl oder Kokosöl zum Braten

Das Lammfleisch in eine große Schüssel geben. Die Möhren schälen oder schrubben, fein in die Schüssel reiben.
Zwiebeln und Knoblauch fein hacken. Rosmarin waschen und schleudern, die Blättchen fein hacken und die Stängel entsorgen. Die Nüsse grob hacken und einige Minuten bei mittlerer Hitze in der Pfanne trocken rösten. Die Aprikosen in kleinere Würfel schneiden.
Alle Zutaten bis auf das Olivenöl zu einer leichten Farce vermengen. Vor dem Formen und Braten gern 1 Stunde im Kühlschrank ruhen lassen.
Kleine Frikadellen formen. Mit einem nassen Löffel gelingt das am besten.
Von jeder Seite bei schwacher bis mittlerer Hitze in Olivenöl braten, je 3–4 Minuten, ganz nach Geschmack.

CRABCAKES

– MIT ERDNÜSSEN UND KRÄUTERN

2 PORTIONER, CA. 10–12 STK. / 60 MINUTTER

2 Dosen Krabbenfleisch, ca. 250 g Abtropfgewicht
2 große Frühlingszwiebeln, ca. 40 g
ca. 100 g Kartoffeln, geschält und gekocht
1 Handvoll Koriander
1 Handvoll Minze oder Thaibasilikum
1 EL Kaffir-Limettenblätter, nach Belieben
2 Zitronengrasstängel
15 g Ingwer, Schälgewicht
1 frischer roter Chili, ohne Kerne
1 Ei
2 TL Fischsoße
1 ungespritzte Limette
2 EL Erdnussbutter
evtl. ½ EL Dinkelmehl, Weizenmehl oder Reisvollkornmehl (glutenfrei), fein gesiebt
1 TL feines Himalayasalz
1 TL Backpulver*
weißer Pfeffer, frisch gemahlen
extra natives Kokos- oder Olivenöl zum Braten

* *Das Backpulver kann wegfallen, es bewirkt jedoch, dass die Crabcakes etwas leichter/luftiger werden. Wenn das Gericht glutenfrei sein soll, müssen Sie die glutenfreie Variante nehmen.*

Das Krabbenfleisch in einem Sieb gut abtropfen lassen, dann das überschüssige Wasser in einem sauberen Küchentuch ausdrücken.

Frühlingszwiebel waschen, Wurzel und den oberen grünen Teil entfernen, fein hacken. Die Kartoffeln schrubben und in ungesalzenem Wasser garen. Pellen und mit einer Gabel zermusen. Die Kräuter waschen und schleudern, dann fein hacken. Die Limettenblättchen zerkleinern. Die untersten Millimeter der Zitronengrasstängel und das untere Blatt entfernen, den unteren dicken Teil fein hacken. Den Rest entsorgen.

Ingwer schälen. Chili waschen, Kerne entfernen, dann fein hacken.

Das Krabbenfleisch mit den Frühlingszwiebeln, zermusten Kartoffeln, Kräutern, Limettenblättchen, Zitronengras und Chili in einer großen Schüssel vermengen. Ingwer in die Schüssel reiben. Dann Ei, Fischsoße, fein geriebene Limettenschale, Erdnussbutter, Salz, Backpulver und Pfeffer in die Farce mengen und gut vermischen.

Crabcakes mit den Händen formen, einen Löffel zu Hilfe nehmen oder die Hände anfeuchten. Es lohnt sich, eine „Probefrikadelle“ zu braten, um zu sehen, ob die Farce gut haftet. Falls nicht, etwas Mehl hinzufügen.

Von jeder Seite einige Minuten in Öl braten, je nach Größe etwas länger.

FALAFEL

– MIT KOKOS

4 PORTIONEN, 25–30 STÜCK/CA. 1 STUNDE UND 45 MINUTEN + EINWEICHZEIT: MIND. 8 STUNDEN

175 g Kichererbsen, getrocknet
1 große Süßkartoffel, ca. 300 g Rohgewicht (175 g gekocht, geschält)
2 Handvoll Thaibasilikum, Koriander oder Minze
50 g Kokosmehl
1 TL Backpulver*
1 EL Tahin
1 TL feines Himalayasalz
4 Zehen Knoblauch
2 kleine Schalotten, ca. 50 g Schälgewicht
½ TL Paprikapulver, nach Belieben
1 TL Koriander, gemahlen
1 TL Kreuzkümmel, gemahlen
3–4 EL Zitronensaft
evtl. 1–2 EL Kichererbsenmehl, Reisvollkornmehl (beides glutenfrei) oder ein anderes Mehl
extra natives Kokosöl zum Braten

* *Das Backpulver kann wegfallen, es bewirkt jedoch, dass die Falafel etwas leichter/luftiger werden. Wenn das Gericht glutenfrei sein soll, müssen Sie die glutenfreie Variante nehmen.*

Die Kichererbsen über Nacht (8–12 Stunden) in kaltem Wasser einweichen. Wasser dann abschütten und mit frischem Wasser auffüllen.

Kartoffeln sauber schrubben und in Backpapier einschlagen. Mit der zusammengefalteten Seite nach unten auf ein Backblech legen und ca. 1,5 Stunden bei 175 °C Heißluft backen, bis sie komplett gar und weich sind.

Kräuter waschen und schleudern.

Kichererbsen, gepellte Kartoffeln, Kräuter, Kokosmehl, Backpulver, Tahin und Salz in eine Küchenmaschine geben. Knoblauch und Zwiebeln schälen und mit Paprika, Koriander, Kreuzkümmel und Zitronensaft ebenfalls dazugeben.

Zu einer cremigen „Farce" mixen. Bei mittlerer Hitze einen „Probefalafel" in einer Pfanne backen. Evtl. etwas Mehl hinzufügen, wenn er zu locker ist.

Die Falafel ca. 3–4 Minuten von jeder Seite braten. Sie können komplett in der Pfanne zubereitet oder nur angebraten und im Ofen bei 190 °C Heißluft fertig gebacken werden.

Auch eine halbe Portion kann problemlos gebacken werden, aber da es eigentlich dieselbe Arbeit ist und Falafel einfach auch nach dem Tiefkühlen göttlich schmecken, empfehle ich, die komplette Portion zuzubereiten.

WARME GERICHTE

Außer Pesto zu heißen Nudeln sind Nüsse eigentlich keine Zutat, die häufig für warme Gerichte verwendet wird. Das ist schade, denn Nüsse aller Art schmecken herrlich, auch zu Fisch und Fleisch.

Fisch mit Haselnussbutter und Estragon sowie Hähnchennuggets stehen bei uns zu Hause oft auf dem Speiseplan. Und es sind Gerichte, die sich auch prima für Gäste eignen.

Ich empfehle, ein bisschen mit Nüssen als Beilage zu allen Arten von Fleisch, Fisch, Gemüse und Gerichten mit Hülsenfrüchten zu experimentieren.

Ratatouille, bestreut mit Nüssen und in Olivenöl geröstetem Knoblauch oder ein üppiges Veggie-Curry mit selbst gerösteten Erdnüssen schmecken fantastisch und erhöhen das Geschmackserlebnis im Alltag, wenn man oft nicht viel Zeit und Energie für neue kulinarische Abenteuer hat.

ZUCCHINISPAGHETTI

– MIT STAUDENSELLERIE-WALNUSS-PESTO

2 PORTIONEN/25 MINUTEN

800 – 1.000 g Zucchini

Pesto

½ kleiner Staudensellerie, gern mit Blättern, ca. 150 g geputzt
1 große Handvoll Petersilie
1½ EL extra natives Olivenöl
Himalayasalz
1 große Handvoll Walnüsse, ca. 50 g
40 g Pecorino 1 kleine Knoblauchzehe
1 ungespritzte Zitrone
schwarzer Pfeffer, frisch gemahlen

Zucchini waschen, Enden abschneiden und die Früchte mit einem Spiralschneider zu Gemüsespaghetti schneiden. Sie können die Zucchini auch längs mit einem Messer oder mit der Reibe in dünne Scheiben und danach in feine Streifen schneiden.
Ofen auf 200 °C vorheizen. Nachdem Sie das Pesto zubereitet haben, die Zucchinispaghetti in einer feuerfesten Form 3 – 5 Minuten gut durcherhitzen.

Pesto

Staudensellerie gründlich waschen, ca. 25 g davon fein hacken. Den Rest in grobe Stücke schneiden und in die Küchenmaschine geben. Petersilie waschen und schleudern. Die Nüsse bei mittlerer Hitze einige Minuten in der Pfanne rösten. Petersilie, Nüsse, 35 g Pecorino, Knoblauch, Öl, fein geriebene Zitronenschale, Salz und Pfeffer in die Küchenmaschine geben und zum cremigen Pesto mixen.
Das Pesto mit der Zucchinipasta vermengen und das Gericht mit dem zusätzlichem Staudensellerie und fein geriebenem Pecorino als Garnierung servieren.

Das Pesto kann auch aus Spinat, Broccoli oder anderem Kohl zubereitet werden. Außerdem können Sie Pekannüsse, Mandeln, Paranüsse und Macadamianüsse verwenden.

KÜRBISSPAGHETTI

– MIT ROQUEFORT, NÜSSEN UND SALBEI

2 PORTIONEN/30 MINUTEN

1 mittelgroßer Butternutkürbis, ca. 500 g Gewicht als Spiralen
1 kleine grüne oder gelbe Zucchini, ca. 250 – 300 g als Spiralen
½ EL extra natives Olivenöl
½ EL kaltes Wasser
¼ TL feines Himalayasalz

Beilage
1 große Handvoll Walnüsse, ca. 50 g
1 Handvoll Salbeiblätter
15 g Butter
75 g Roquefort
1 ungespritzte Zitrone

Kürbis schälen. Nur den oberen, schmalen Teil verwenden, aus dem Rest können Sie z. B. Suppe oder Kürbispommes aus dem Ofen zubereiten. Zucchini waschen und die Enden entfernen. Kürbis und Zucchini mit dem Spiralschneider separat zu Spaghetti schneiden. Sie können sie auch längs in sehr dünne Scheiben und danach in Streifen schneiden.
Die Kürbisstreifen mit Öl, Wasser und Salz vermengen. In eine feuerfeste Form geben und im Ofen bei 175 °C Heißluft in den ersten 5 Minuten backen. Die Zucchinistreifen dazugeben und alles noch einige Minuten backen. Damit jedoch warten, bis die Beilage fast fertig ist.

Beilage
Walnüsse grob hacken und bei mittlerer Hitze einige Minuten in der Pfanne trocken rösten. Aus der Pfanne herausnehmen. Salbeiblätter waschen und schleudern. Die Butter schmelzen lassen, dann die Blättchen bei geringer Hitze darin knusprig rösten, ca. 1 – 2 Minuten.
Die Spaghetti auf Tellern anrichten, Nüsse, Butter und Salbeiblättchen darauf verteilen. Käse zerkrümeln und Zitronenschale fein reiben. Ebenfalls auf den Spaghetti verteilen.

FISCH MIT HASELNUSSBUTTER

– UND ESTRAGON

2 PORTIONEN/15 MINUTEN

2 Stücke Fisch, gern weißer wie z. B. Kabeljau, Seeteufel oder Ähnliches, insges. ca. 300 g
20 g Butter oder Ghee
1 Handvoll Haselnüsse, ca. 40 g
1 Handvoll Estragon
1 ungespritzte Zitrone
Himalayasalz
Pfeffer, frisch gemahlen

Fisch mit Salz und Pfeffer bestreuen. Dann von beiden Seiten einige Minuten in Butter braten, je nach Dicke der Stücke.

Die Nüsse grob hacken. Estragon waschen und schleudern, dann fein hacken.

Den Fisch aus der Pfanne nehmen, wenn er gar ist. Nüsse und Estragon einige Minuten in der restlichen Butter in der Pfanne anrösten.

Den Fisch mit der Nussmischung anrichten, fein geriebene Zitronenschale darüberstreuen.

Zu diesem Gericht schmecken grüner Spargel oder grüne Bohnen ausgezeichnet.

NUGGETS

– MIT NUSS-CRUNCH UND ESTRAGON-DIP

2 PORTIONEN/CA. 20 MINUTEN + BACKZEIT: CA. 35 MINUTEN

1 große Hähnchenbruststücke, ca. 250 g
1 Ei
2 EL fein gesiebtes Dinkelmehl, Weizenmehl oder Reisvollkornmehl (glutenfrei)
ca. 80 g oder etwas mehr Cashewkerne
1 ungespritzte Zitrone
¼ TL Chipotle-Flakes, nach Belieben
1 EL extra natives Olivenöl
Himalayasalz
weißer Pfeffer, frisch gemahlen

Estragon-Dip
1 große Handvoll Estragon
200 g griechischer Joghurt, 10 %
½–1 TL Chipotle-Flakes oder geräucherte Chili-Flakes*
2 EL gute Mayonnaise
1 TL Honig
Himalayasalz

* *Chipotle-Flakes sind in einigen Supermärkten oder online erhältlich.*

Die Hähnchenbrust in 6–8 Würfel gleicher Größe schneiden. Mit Salz und Pfeffer bestreuen. Das Ei in einen Teller geben und leicht mit einer Gabel schlagen. Das Mehl in einen anderen Teller geben. Die Nüsse fein hacken, mit der fein geriebenen Zitronenschale und den Chiliflakes vermengen.
Den Ofen auf 120 °C vorheizen.
Die Hähnchenwürfel erst in Mehl, dann in Ei und schließlich in den Nüssen wälzen. Vorsichtig auf ein Backblech mit Backpapier legen. Öl darüberträufeln. Für 30–45 Minuten im Ofen backen. Am besten gelingt es bei dieser geringen Hitze, Sie können aber auch 180 °C wählen, dann geht es schneller. Achten Sie darauf, dass die Nüsse nicht zu braun werden.

Estragon-Dip
Estragon waschen und schleudern. Entweder alles oder nur die Hälfte fein hacken. Die andere Hälfte dann mit 100 g Joghurt vermengen. Joghurt mit Estragon, Chipotle-Flakes, Mayonnaise und Honig gut vermischen, mit Salz abschmecken.
Der Dip schmeckt zu den Nuggets hervorragend, aber auch zu den Gambas auf S. 100 und zum Lachs auf S. 134. Auch als Brotaufstrich ist das mal etwas anderes!

Variante
Die Hähnchennuggets können mit allen Sorten Nüssen zubereitet werden. Das Fleisch kann auch für 24 Stunden in etwas Olivenöl und Zitronensaft mariniert werden, dann wird es noch saftiger und aromatischer. Statt Hähnchen können Sie auch Fisch verwenden. Dieser sollte jedoch bei höherer Temperatur gebacken werden, sodass die Nüsse knusprig werden. Die gehackten Nüsse können auch trocken geröstet werden, bevor die Fischstücke darin gewälzt werden. Mit Fisch benötigt das Gericht je nach Fischsorte und Größe der Stücke im Ofen ca. 10–14 Minuten.
Der Dip schmeckt auch fantastisch mit Koriander, Thai-Basilikum oder normalem Basilikum statt Estragon.

Die Hähnchennuggets können roh gut eingefroren werden, also gern eine große Portion zubereiten, dann haben Sie gesundes Fastfood auf Vorrat. Ich finde die Hähnchennuggets an sich sehr lecker, aber sie schmecken mit dem Estragon-Dip oder einem anderen Dip nach Geschmack noch besser. Sie passen zu allen Sorten Gemüse.

KOKOS-CHUTNEY

– MIT GEGRILLTEM LACHS

2 PORTIONEN/25 MINUTEN

2 Lachssteaks, insges. ca. 300 g*
½ EL extra natives Olivenöl
Himalayasalz

* *Suchen Sie den Lachs sorgfältig aus. Besonders norwegischer Zuchtlachs enthält große Mengen Umweltgifte. Nehmen Sie Wildlachs oder Lachs mit dem MSC-Zertifikat.*

Chutney
35 g Kokosmehl + evtl. ein bisschen mehr
100 ml Kokosmilch
15 g Ingwer, Schälgewicht
½ TL Tamarindpaste, Honig oder Ahornsirup
Himalayasalz
1 kleine Knoblauchzehe
1 Handvoll Koriander
Saft und Schale von ½ großen Bio-Limette
1–2 Prisen getrocknete Chiliflakes

Mit dem Grillen des Lachses warten, bis Sie das Chutney zubereitet haben.
Den Lachs in große Würfel schneiden, mit Öl bepinseln und mit Salz bestreuen.
Die Stücke je nach Größe einige Minuten von beiden Seiten grillen.

Chutney
¾ des Kokosmehls, Kokosmilch, Ingwer, Knoblauch und Tamarind in einen Blender geben. Koriander waschen und schleudern. Zusammen mit dem Saft, der Limettenschale und den Chiliflakes hinzufügen.
Alles zu einem cremigen Chutney mixen. Mit Salz abschmecken und das restliche Kokosmehl hineingeben. Wenn die Konsistenz zu dünn ist, noch mehr Kokosmehl hinzufügen.

Zu diesem Gericht passen viele Gemüsearten, z.B. grüne Bohnen, grüner Spargel, Dicke Bohnen und verschiedene Kohlsorten. Auch lecker zu einem großen, grünen Salat!

ROMESCOSOSSE

– MIT HÄHNCHENSPIESS

2* PORTIONEN/45 MINUTEN

Romescosoße
5 große Tomaten, ca. 500 g
1 große Paprika, ca. 175 g ohne Kerne
1 EL extra natives Olivenöl
2 Handvoll Haselnüsse, ca. 75 g
2 Handvoll Mandeln, ca. 75 g
5 Knoblauchzehen
2 große Zweige Rosmarin
5 EL Öl
2 EL Sherry-Essig
1 Prise getrocknete Chiliflakes
Himalayasalz
schwarzer Pfeffer, frisch gemahlen

Hähnchen
1 große Hähnchenbrust, ca. 250 g
Himalayasalz
schwarzer Pfeffer, frisch gemahlen
ODER
Rezept für Nuggets auf S. 130, dann aber Spieße zubereiten – wie auf dem Foto rechts.

* *Soße für 6–8 Personen. Sie können auch eine kleinere Portion kochen, weil es jedoch Zeit braucht, sie zu kochen und sie sich im Kühlschrank 5–6 Tage hält, mache ich meistens die etwas größere Menge. Die Originalsoße enthält etwas altbackenes Brot, dann ist die Konsistenz etwas dicker. Ich mag diese Variante lieber, aber das ist Geschmackssache.*

Romescosoße

Den Ofen auf 225 °C Heißluft vorheizen. Tomaten und Paprika waschen. Alles halbieren, die Kerne aus der Paprika entfernen. Paprika in Viertel schneiden. Alles in eine Schüssel geben und gut mit Olivenöl vermengen.

Das Gemüse mit der Hautseite nach oben auf ein Backblech mit Backpapier legen. Ca. 15 Minuten im Ofen backen. Die Tomaten sollten feucht, aber nicht zu matschig sein. Die Tomaten herausnehmen, die Temperatur auf 250 °C erhöhen und die Paprika weitere 15 Minuten backen. Die Haut von den Tomaten abziehen, wenn sie leicht abgekühlt sind. Haut entsorgen. Wenn die Paprika fertig ist, aus dem Ofen nehmen und mit einem Küchentuch abdecken. Hier auch die Haut entfernen, wenn sie leicht abgekühlt sind. Haut entsorgen.

Nüsse und Mandeln grob hacken. Knoblauchzehen schälen und hacken. Rosmarin waschen und schleudern, die Blättchen fein hacken. Knoblauch, Nüsse und Mandeln einige Minuten in 2 EL Öl anschwitzen, Rosmarin hinzufügen und noch 1 Minute braten.

Tomaten, Paprika, Nussmischung, 3 EL Öl, Essig und Chiliflakes in eine Küchenmaschine geben und alles zu einer cremigen Soße mixen. Mit Salz und evtl. Pfeffer abschmecken.

Hähnchen

Die Hähnchenbrust der Länge nach in Streifen schneiden. Auf Spieße schieben, mit Salz und Pfeffer würzen. Einige Minuten von jeder Seite grillen.

DESSERTS UND KUCHEN

Mit Nüssen können Sie unvorstellbar viele Desserts und Kuchen zubereiten. Ich habe meine absoluten Lieblingsrezepte auf den nächsten Seiten gesammelt und verspreche, dass alles ziemlich gesund ist, obwohl es sündhaft schmeckt. Also einfach mit gutem Gewissen genießen!
Bei uns zu Hause sind die Bountyriegel und Fudge der Renner. Wir haben sie immer in Vorrat, denn Kinder und Erwachsene lieben sie gleichermaßen.

ITALIENISCHER APFELKUCHEN

8–10 PORTIONEN/45 MINUTEN

3 große Eier
150 g Honig, Ahornsirup oder Kokossirup
2 kleine Äpfel
Saft von 1 großen Zitrone
275 g Mandelmehl*, Haselnussmehl oder ¾ Nüsse und ¼ Weizenmehl
100 ml Nussmilch, siehe Rezept S. 44
60 g extra natives Kokosöl oder geschmolzene Butter
2 gehäufte TL Backpulver
1 TL Vanillepulver
½ TL feines Himalayasalz

Ei und Honig mit der Küchenmaschine oder dem Handrührgerät verschlagen.
Während die Maschine arbeitet, Äpfel waschen, vierteln, das Kernhaus entfernen und die Viertel längs in dünne Scheiben schneiden. Zitronenschale fein reiben und zur Seite stellen. Zitrone halbieren und etwas Saft zu den Äpfeln geben, damit sie nicht braun werden.
Mandelmehl, Nussmilch, Öl, Backpulver, Vanillepulver und Zitronenschale vorsichtig unter die Eimasse heben. In eine eingefettete Form mit ca. 24-26 cm Durchmesser geben. Die Apfelscheiben im Teig verteilen, ein bisschen hineindrücken, sodass der größte Teil mit Teig bedeckt ist. Den Kuchen im vorgeheizten Ofen bei 160 °C Heißluft ca. 30–35 Minuten backen.

* *Bereiten Sie Mandelmehl selbst zu, das ist einfach und preiswert. Die Mandeln einige Minuten in der Küchenmaschine zu Mehl mixen. Auch mit dem Minihacker oder Blender klappt das prima.*

Den Apfelkuchen warm oder kalt genießen, gern mit einem Löffel Vanilleeis oder Schlagsahne, vermengt mit Joghurt.

CASHEW-FUDGE

– MIT KAKAO UND PFEFFERMINZÖL

CA. 30 STÜCK/20 MINUTEN + ABKÜHLZEIT

350 g Medjoul-Datteln, ohne Stein und eingeweicht
80 g Cashewkerne
150 g Cashewbutter
½ TL Vanillepulver
3 EL Kakaopulver
3–4 EL extra natives Kokosöl
8–10 Tropfen Pfefferminzöl*
1 Prise feines Himalayasalz

Alle Zutaten in eine Küchenmaschine geben und vermengen, bis die Masse gut gemischt und formbar ist.
In eine viereckige Form drücken, die Höhe sollte ca. 2 cm betragen. In den Gefrierschrank stellen. Wenn die Masse nach einigen Stunden komplett fest ist, in Stücke schneiden, passend für kleine Stücke Butterbrotpapier oder Backpapier, siehe Foto.
Im Gefrierschrank aufbewahren, dann schmeckt es am besten. Das Fudge kann direkt aus dem Gefrierschrank verspeist werden. Besser für die Zähne ist allerdings, fünf Minuten zu warten ...

Variante
Das Aroma dieses leckeren Fudges können Sie ganz nach Geschmack variieren. Fein geriebene Zitronen- oder Orangenschale ist superlecker. Und richtig originell schmeckt es mit Bergamottenschale oder Bergamottenöl. Sie können auch alle Aromen bis auf den Kakao weglassen, auch so schmeckt es fantastisch.

* *Kaufen Sie ein Pfefferminzöl, das für den Verzehr geeignet ist, das ist nicht bei allen der Fall! Ich gehe meist ins Reformhaus.*

KLEINE BOUNTYRIEGEL

12–15 STÜCK/30 MINUTEN + ABKÜHLZEIT

70 g Kokoscreme* oder Kokosbutter, siehe Rezept S. 49
60 g Kokosmilch
60–70 g Honig, Ahornsirup oder Agavensirup
¾ TL Vanillezucker
ca. 110 g Kokosmehl, vielleicht etwas mehr, abhängig von der Honigmenge
1 Prise feines Himalayasalz
dunkle Schokolade, 70 %, für den Überzug

Kokoscreme, Kokosmilch und Honig langsam in einem kleinen Topf erhitzen, sodass alles schmilzt. Es sollte nicht kochen.
Etwas abkühlen lassen, dann Vanillezucker, Kokosmehl und Salz hineingeben. Die Masse sollte formbar sein, aber nicht trocken. Beginnen Sie mit 110 g Kokosmehl und wenn sich die Masse nicht formen lässt, fügen Sie mehr hinzu. Es ist immer leichter, etwas hinzuzufügen als alles zu retten, wenn es zu viel geworden ist.
Die Masse komplett abkühlen lassen, evtl. 10 Minuten in den Kühlschrank stellen und zu kleinen Bountyriegeln formen. Auf Backpapier auf einen Teller legen und im Kühlschrank wieder auskühlen lassen, damit sie hart sind und leicht mit Schokolade überzogen werden können.
Die Schokolade über dem Wasserbad schmelzen lassen (ich verwende für diese Portion ca. 100 g) und die Riegel damit überziehen. Auf Backpapier legen und wieder in den Kühlschrank stellen. Wenn die Schokolade fest ist, können die Riegel einfach vom Backpapier genommen werden. In einem dicht schließenden Behälter im Kühlschrank aufbewahren.

* *Kokoscreme ist im Supermarkt oder online erhältlich. Sie können die Menge etwas reduzieren (ca. um 10 g) und stattdessen mehr Kokosmilch verwenden. Dann wird es etwas lockerer und ähnelt dem Original mehr. Ich mag es aber am liebsten wie im Rezept.*

ZIMTSCHNECKEN

– MIT KICK

CA. 25 STÜCK/CA. 30 MINUTEN +
BACK- UND GEHZEIT: CA. 70 MINUTEN

Teig
250 ml ungesüßte Mandelmilch, ein anderer pflanzlicher Drink oder Kuhmilch
40 g frische Hefe
75 g extra natives Kokosöl
2 große ungespritzte Orangen
2 Eier
2 EL Tahin
2 EL Honig
2 TL Kardamom, gemahlen
1 EL Zimt, gemahlen
1 TL feines Himalayasalz
ca. 700–750 g Dinkelmehl, fein gesiebt

Füllung
2 EL Zimt, gemahlen
100 ml Honig
2 EL Tahin
100 g weiche Butter
1 große ungespritzte Zitrone
3 große Handvoll Walnüsse, ca. 150 g

Teig:
Milch erhitzen, bis sie handwarm ist, ca. 37 °C. Die Hefe darin auflösen und 10 Minuten ruhen lassen, damit die Gärung in Gang kommt. Kokosöl leicht erhitzen, sodass es schmilzt, aber nicht höher als 37 °C. Orangenschale fein reiben, die Hälfte für die Füllung zur Seite stellen.
Kokosöl, Orangenschale und 100 ml Orangensaft, Eier, Tahin, Honig, Kardamom, Zimt, Salz und Mehl hinzufügen. Den Teig glatt schlagen. Er sollte nicht zu trocken werden, deshalb mit dem Mehl vorsichtig sein. Man sollte ihn jedoch ausrollen können.
Unter einem feuchten Tuch auf die doppelte Größe gehen lassen. Auf 60 x 25 cm ausrollen.

Füllung:
Die übrige Orangenschale mit Zimt, Honig, Tahin, Butter, fein geriebener Zitronenschale und ein paar EL Saft vermengen.
Die Walnüsse grob hacken und einige Minuten bei mittlerer Hitze in der Pfanne trocken rösten.
Die Teigplatte mit der Füllung bestreichen, die oberen 10 cm jedoch frei lassen. Mit Walnüssen bestreuen und den Teig langsam über die lange Seite zusammenrollen. In 22–25 Schnecken schneiden, diese auf ein Backblech mit Backpapier legen und weitere 45 Minuten gehen lassen.
Im vorgeheizten Ofen bei 175 °C Heißluft ca. 15 Minuten backen.

Variante
Den Orangensaft mit Milch ersetzen und 2–3 EL fein gehackten Rosmarin zur Füllung geben.

KOKOSGRANITA

CA. 800 ML/5 MINUTEN + TIEFKÜHLZEIT: 6–8 STUNDEN

100 ml ungesüßte, geseihte Mandelmilch
100 g frische Kokosnuss (ohne die braune Haut)
100 g heller Honig, gern kalt geschleudert, oder Agavensirup
500 ml kaltes Wasser
evtl. etwas Vanillepulver

Mandelmilch mit Kokosnuss und Honig vermengen. Wasser und evtl. etwas Vanillepulver hinzufügen. Das Granita in einem Behälter einfrieren und einmal stündlich umrühren.
Vor dem Servieren herausnehmen und das Granita mit einer Gabel herauskratzen.

Das Granita schmeckt pur, mit etwas flüssiger Schokolade, gefriergetrockneten Himbeeren oder Erdbeeren und frischen Beeren vorzüglich.

DANKSAGUNG

Für uns ist es ein Privileg, dass wir ein inspirierendes Buch wie dieses schreiben konnten. Die Zusammenarbeit mit vielen Menschen hat jeden einzelnen Arbeitstag zum Vergnügen gemacht.

Viele müssen hervorgehoben werden, nicht zuletzt unsere Familien, die unermüdlich Feedback und Unterstützung geliefert haben. Herzlichen Dank!

Ein großer Dank gilt auch Hanne Muusmann, Maria Wittendorff und Maria L. Rohde Madsen vom Muusmann Verlag, die uns bei der Arbeit zu diesem Buch, auf das wir stolz sein können, durchweg unterstützt haben.

Wenn Sie die tollen Fotos bewundern, ist das unserem fantastischen Fotografen Thomas Hergaard zu verdanken. Es ist unglaublich, wie viel Schönheit entsteht, wenn ein meisterlicher Fotograf sich entfaltet.

Darüber hinaus gilt besonderer Dank:

Naturesource für viele gute Zutaten in der Testphase.

Dem Supermarkt Irma im Ordrupvej für immer frische Zutaten und den tollen Service.

Dem Gemüsehändler Comer in Ordrup für hohe Flexibilität und schnelle Zutatenlieferungen für die Fotos.

DIE AUTOREN

Sandra Pugliese ist Kochbuchautorin, autodidaktische Köchin und Rezeptautorin für verschiedene dänische Livestyle-Magazine. „Nüsse" ist ihr 12. Kochbuch in einer Reihe, die Geschmack, Wohlbefinden und Gesundheit in den Fokus stellt. Sandra hat seit ihrer frühen Kindheit eine Leidenschaft für die Erfindung leckerer Rezepte, die vor Gesundheit nur so sprudeln. Ihr dänisch-italienischer Background war der Schlüssel zu einer interessanten Fusionsküche auf höchstem Niveau.

Martin Kreutzer ist Ernährungsberater und zählt zu den renommiertesten Fachleuten Dänemarks für leistungsfördernde Ernährung. Martin war zehn Jahre beim Kopenhagener Institut für Ernährung tätig und berät heute als Freiberufler Privatkunden. Er kann auf eine umfangreiche schriftstellerische Laufbahn zurückblicken und schreibt regelmäßig über Ernährung und Training für mehrere bekannte Medien.

DER FOTOGRAF

Thomas Hergaard ist seit 1990 als Food-Fotograf tätig und wurde von Jes Buusmann, dem ersten eigentlichen Food-Fotografen Dänemarks, ausgebildet. Kreative Aufnahmen von Speisen und Menschen mit Licht als Gestaltungsmittel sind für ihn charakteristisch. Thomas besitzt in der Kopenhagener Kronprinsessegade ein eigenes Studio, in dem er seit 2002 fantastische Bilder für Kochbücher, Magazine, Werbeagenturen und direkt für große Unternehmen in Dänemark und Schweden produziert.

Rezeptverzeichnis

Glutenfrei

Laktosefrei

Nüsse – gesunde und reichhaltige Rezepte füt Herzhaftes und Süßes
von Martin Kreutzer und Sandra Pugliese

Herausgegeben von Muusmann Forlag, Kopenhagen
Originaltitel Nødder

1. Auflage 2022

Übersetzung: Elke Adams
Umschlag und Design: Muusmann Forlag
Fotograf: Thomas Hergaard
Druck: Westermann Druck Zwickau GmbH

ISBN 978-3-7843-5729-4

www.lv-buch.de

FSC
www.fsc.org
MIX
Papier aus verantwortungsvollen Quellen
FSC® C110508